Hannes Wendroth

GUTE FÜHRUNG - (K)EIN SELBSTGÄNGER

Kleine Führungshilfe mit praktischen Hinweisen und persönlichen Anmerkungen

Standpunkte und Orientierungen: Band 15
Herausgegeben von Uwe Hartmann

Hannes Wendroth

GUTE FÜHRUNG - (K)EIN SELBSTGÄNGER

Kleine Führungshilfe mit praktischen Hinweisen und persönlichen Anmerkungen

2022

Carola Hartmann Miles-Verlag

Bibliografische Information der Deutschen Nationalbibliothek
Die Deutsche Nationalbibliothek verzeichnet diese Publikation in der Deutschen Nationalbibliografie; detaillierte bibliografische Daten sind im Internet über www.dnb.de abrufbar.

© 2022 Carola Hartmann Miles-Verlag, Berlin
www.miles-verlag.jimdo.com
email: miles-verlag@t-online.de

Herstellung: Books on Demand, Norderstedt

Alle Rechte, insbesondere das Recht der Vervielfältigung und Verbreitung sowie der Übersetzung, vorbehalten. Kein Teil des Werkes darf in irgendeiner Form (durch Fotokopie, Mikrofilm oder ein anderes Verfahren) ohne schriftliche Genehmigung des Verlages reproduziert oder unter Verwendung elektronischer Systeme gespeichert, verarbeitet, vervielfältigt oder verbreitet werden.
Printed in Germany

ISBN 978-3-96776-051-4

Inhaltsverzeichnis

Einleitung

Gute Führung ist lernbar – dieser Grundgedanke ist die Basis für die folgenden Empfehlungen und Hinweise zur Gestaltung des Führungsalltags. Den gilt es täglich zu gestalten und dabei wechselnde Einflussfaktoren zu berücksichtigen. Umbrüche in Arbeitswelt und Gesellschaft, Bedürfnisse und Leistungsprofile der MitarbeiterInnen sowie Einflussfaktoren wie Gesetze oder Pandemien rücken Fragen nach wirksamer Führung für alle daran Beteiligten stets aufs Neue in den Mittelpunkt.[1,2]

Für den Offizier bildet Führungskönnen den Kern seines Berufes. Die Bundeswehr setzt in der Bildung notwendiger Kompetenzen auf bewährte und zeitgemäße Methoden einschließlich der Erfahrungen in Auslandseinsätzen. Gleichzeitig verfügt sie im Rahmen von Tradition und historischer Bildung über einen wahrlich reichen Schatz an Beispielen zu diesem Thema.

In kaum einem anderen Beruf als in dem des Soldaten erfährt „Führung" eine so prägnante Zuspitzung. Letztlich geht es um die Überzeugungskraft, anvertraute Soldaten/Soldatinnen in schwieriger Mission zum Einsatz des eigenen Lebens zu bewegen. Führungskönnen ist daher die Königsdisziplin des soldatischen Handwerks. Wie sonst sollte ein Gruppenführer Gefolgschaft erzielen, wenn er einem seiner Soldaten beim Überqueren eines Weges befiehlt, als erster aus

---

[1] Siehe auch SCHENCKING, Franz: *Der Unternehmer ersetzt kein Plan*, FAZ vom 27.08.2018.

[2] Im Folgenden gelingt es nicht immer, die aktuelle Form des „Genderns" anzuwenden. Leserinnen und Leser fühlen sich bitte in gleicher Weise angesprochen.

der Deckung heraus auf die andere Straßenseite zu springen: Trotz aller Umsicht und unter Beachtung der notwendigen Sicherung je nach Lage ein gewagtes Unternehmen mit ungewissem Ausgang. Situationen wie diese gleichen einem Lackmustest für das Führungskönnen dessen, der vor Ort die Verantwortung trägt – im militärischen Sprachgebrauch: des verantwortlichen Führers.

Mit der Konzeption der Inneren Führung haben die Gründungsväter der Bundeswehr den Streitkräften eine Führungskultur „in die Wiege gelegt", die sich auch aktuell im Rahmen anspruchsvoller Auslandseinsätze täglich aufs Neue bewährt. Nachjustierungen betreffen aktuelle Erfordernisse und Entwicklungen – der Kern ist unverändert. „Das Grundgesetz stellte die entscheidenden Normen für die Konstituierung der Bundeswehr: Demokratie, Frieden, Freiheit und Menschenwürde. [...] der gewissengeleitete, mündige und verantwortliche Bürger des westdeutschen Staatswesens [sollte] sich in dieser Militärorganisation zu Hause fühlen [können]."[3] Oder anders gesagt: Für den Soldaten sollte wo immer möglich erlebbar sein, wofür er im Extremfall sein Leben einzusetzen hätte. Alle Überlegungen basierten auf einem maßgeblich christlich geprägten Menschenbild, in dessen Mittelpunkt eben der mündige Staatsbürger steht: Grundsätzlich engagiert, mit individuellen Kompetenzen ausgestattet, wird auf mitdenkenden Gehorsam gesetzt. Das Bild des bloßen

---

[3] DÖRFLER-DIERKEN, Angelika: Baudissins Konzeption – Innere Führung und lutherische Ethik, in: SCHLAFFER, R. und SCHMIDT, W. (Hrsg.): Wolf Graf von Baudissin, München 2007, S. 55.

Befehlsempfängers, der Anweisungen unreflektiert umsetzt, sollte der Vergangenheit angehören.[4]

Dieser geschichtliche Hintergrund ist wichtig für das Gesamtverständnis der hier vorliegenden Ausführungen: Die Bundeswehr stellt an ihre Führungskräfte den Anspruch, wo immer möglich „Handeln aus Einsicht" sicherzustellen. Damit können sich die Streitkräfte mit vielen modernen Unternehmen und Verwaltungseinrichtungen messen lassen.

An dieser Stelle liegt der „Abholpunkt" für die folgenden Ausführungen. Langjährige Erfahrungen in der Praxis werden immer wieder mit Hinweisen auf die Quellenlage unterstrichen. Dazu kommen aktuelle Erkenntnisse aus der intensiven Begleitung von Führungskräften. Hinweise zu Erscheinungsbild, Auftreten und Arbeitsstil sind sehr persönlich. Ihre Übernahme ist individuell zu entscheiden. Vielleicht dienen sie auch nur dazu, eine persönliche Standortbestimmung vorzunehmen. Junge Offiziere mögen davon ebenso profitieren wie zivile Führungskräfte auf dem Weg zur Spitzenkraft.

Methode

Zu den wesentlichen Elementen von Führung gehört die Zielerreichung. Nachdem die geklärt ist, herrscht über den einzuschlagenden Weg oftmals noch Unklarheit. Auf den praktischen Geländedienst des Soldaten

---

[4] Damit ist einer von mehreren Gründen genannt, weshalb die Wehrmacht für die Bundeswehr keine traditionsstiftende Funktion übernehmen kann.

übertragen, kann das bedeuten: Nach Bekanntgabe eines Marschziels muss der Weg dorthin ermittelt werden. Dazu wird zumindest bei Orientierungsmärschen oftmals die sog. Marschzahl zwischen eigenem Standort und angestrebtem Ziel bestimmt und auf dem Kompass eingestellt… und schon kann es losgehen. Vor diesem Hintergrund entstand die Idee, Inhalte für die Arbeit mit Führungskräften der Kompassrose entsprechend zu kategorisieren. Dieser praxiserprobte Ansatz dient der inhaltlichen Systematik. Gleichzeitig verschafft er Klarheit über zu behandelnde Einzelaspekte.

Und hier das Ergebnis:

N   steht für Normen,

W   für Werte,

S   für Strategie und Leadership und

O   für Organisatorische Maßnahmen und Methodenlehre

Damit ist die Richtung für das weitere Vorgehen festgelegt.

Normen

In diese Rubrik fallen allgemeine Handlungsanweisungen, Vorschriften und Gesetze. Ihnen gemein ist die Tatsache, dass sie entweder bestimmtes Verhalten erlauben, gebieten oder verbieten. Im Zusammenhang mit Führungsverhalten kommt Artikel 1 des Grundgesetztes der Bundesrepublik Deutschland besondere Bedeutung zu: „Die Würde des Menschen ist unantastbar […]" heißt es dort.[5] Den Vätern des Grundgesetzes war dieses Fundament, die Würde, offensichtlich ganz besonders wichtig. Das gilt unverändert auch für erfolgreiche Führungspraxis im 21. Jahrhundert. Bezogen auf den Soldatenberuf beginnt die Achtung der Menschenwürde nicht erst im Auslandseinsatz bei der Begegnung mit der dortigen Bevölkerung. Vielmehr bildet Artikel 1 die Prämisse für den Umgang im Tagesdienst ebenso wie in Situationen hoher Belastung. Die Würde des Menschen ist unantastbar, gleichwohl aber verletzlich. Wer Gefolgschaft erzielen will, die im Extremfall sogar die Hingabe des eigenen Lebens bedeuten kann, setzt am besten hier an und stellt Achtung und Unversehrtheit der Menschenwürde an den Anfang seiner Überlegungen.

Im Leitbild des familiengeführten Landmaschinenherstellers Horsch heißt es u.a.: „… Unser Handeln … orientiert sich an christlichen Werten."[6] Dahinter steht

---

[5] Grundgesetz für die Bundesrepublik Deutschland, Artikel 1
[6] https://www.horsch.com/unternehmen/leitbild, 19.04.2021.

inhaltlich die sog. Goldene Regel: „Geht so mit anderen um, wie die anderen mit Euch umgehen sollen."[7] Mit dem Hinweis auf christliche Werte positionieren sich die Eigentümer und geben die Richtschnur für den Umgang im Unternehmen vor. Sie formulieren keine moralische Norm im Sinne einer Checkliste, sondern liefern einen Maßstab, an dem individuelles und Gemeinschaftshandeln gemessen werden sollen. Doch reicht der Einfluss über Fragen der Führungskultur weit hinaus. Es handelt sich vielmehr um ein Beispiel von Unternehmensethik, die nicht nur Verantwortung gegenüber der Belegschaft einfordert, sondern auch für Kunden und konkurrierende Betriebe. Ja, die Betrachtungsweise reicht perspektivisch bis zu den Aspekten von Nachhaltigkeit, Nebenwirkungen der Produktion und Lieferketten.

Meine Erfahrung: Ein so klares Bekenntnis wird auch von einer Führungskraft erwartet: Wofür stehen Sie? – Sind Sie berechenbar und geben Sie bei einem Neubeginn für Ihre zukünftigen Bereich durchaus eine „Regierungserklärung" ab, die dann im Arbeitsalltag mit Leben gefüllt wird. Und schließlich ein Hinweis mit universeller Gültigkeit: Machen Sie sich vertraut mit den unterschiedlichen Gremien und Institutionen, deren Aufgabe die Wahrnehmung von Mitarbeiterinteressen ist. Lernen Sie sich kennen, nehmen Sie Ihre Gegenüber als Partner an. Ein von Respekt und Ver-

---

[7] Die Bibel, Matthäus 7,12 – „Vom Tun des göttlichen Willens" („Alles nun, was ihr wollt, daß euch die Leute tun sollen, das tut ihnen auch").

trauen geprägter Umgang erleichtert die Arbeit. Gelingt das nicht, investieren Sie im Rahmen von Einzelfallbehandlungen kostbare Zeit und ruinieren am Ende Ihre Nerven.

Ein letzter Hinweis: Wer sich bei seinen Entscheidungen einzig und allein auf die Einhaltung von Gesetzen beruft, schiebt seinen ethischen Kompass leichtfertig zur Seite, wie das folgende Beispiel zeigt: Mit dem Bau der Titanic beschritten Ingenieure und Reeder völliges Neuland. Bis dahin hatten Werften vornehmlich Fähren für den Einsatz in küstennahen Gewässern gebaut. Die Anzahl der Rettungsmittel an Bord war entsprechend darauf ausgelegt. Für die Titanic gab es beim Stapellauf noch keine aktualisierten Auflagen. Mit den vorhandenen 16 Rettungsbooten wurden also formal alle Gesetzesauflagen erfüllt. Die Reederei wusste, dass die rund 2.200 Passagiere und Besatzungsmitglieder im Falle einer Havarie nur teilweise Aussicht auf Überleben hätten. Und obwohl in den Konstruktionsplänen bereits Platz für zusätzliche Boote vorgesehen war, wollte man nicht zuletzt aus Kostengründen bis zur Änderung der Vorschriften auf das angemessene Sicherheitspaket verzichten. Als die Titanic dann am 14. April 1912 auf ihrer Jungfernfahrt fernab einer Küste mit einem Eisberg kollidierte und sank, konnten nur rund 700 Passagiere gerettet werden.[8] – Mangelnde Ge-

---

[8] Vgl. hierzu SINEK, Simon: Gute Chefs essen zuletzt, München 2017, Seite 163 f.

setzestreue war den Verantwortlichen nicht vorzuwerfen, und dennoch haben sie im Rückblick grob fahrlässig und gewissenlos gehandelt.

Damit ist schon fast die Überleitung zum nächsten Kapitel gegeben – mir ist aber noch ein Punkt wichtig: Die Berücksichtigung von Gesetzen, Vorschriften und Erlassen schützt nicht davor, sich schuldig zu machen.

Deshalb meine Empfehlung: Nach gewissenhafter Abwägung kann das Urteil u.U. auch lauten: „Nein, so etwas tue ich nicht!" Bleiben Sie sich treu und sorgen Sie selbst für ein „ruhiges Gewissen".

Werte

Während mit Normen Handlungsvorschriften und -erwartungen verbunden sind, stellen Werte ideale Orientierungsmuster dar.[9] Individuen bemerken u.U. eine große Übereinstimmung, für bestimmte Werte einzutreten, sich im Handeln davon leiten zu lassen. Vereine, kirchliche Gruppen oder Bürgerinitiativen sind dafür ein sichtbarer Ausdruck. Auf Unternehmen, militärische Organisationseinheiten o.ä. übertragen bedeutet das: Menschen in Führungsverantwortung sollten darauf achten, dass ihr Team die Werte teilt, deren Anwendung für die jeweilige Aufgabe oder den Unternehmenszweck unabdingbar ist. Dabei kann es sich z.B. handeln um Ehrlichkeit, Präzision, Unabhängigkeit, Leidenschaft, … Je nach Zusammensetzung des Teams kommt interkulturellen Gesichtspunkten dabei u.U. eine besondere Bedeutung zu.

---

[9] Vgl. PFEIFER, Volker: Ethisch argumentieren, Braunschweig 2009, S. 12.

In der Praxis hat sich bewährt, mit der Frage nach einenden oder trennenden Wertvorstellungen offen umzugehen. Übereinstimmung ist dort erforderlich, wo es um die Aufgabenerfüllung geht. Wer sich dem Grundkonsens entzieht, sollte an anderer Stelle kompetenzgerecht und einstellungsgemäß eingesetzt werden.

Ein gutes Beispiel für besonders hohen Grundkonsens bei der Aufgabenerfüllung bietet der HANSA-PARK in Sierksdorf: Eigentümer, Mitarbeiter und Mitarbeiterinnen verstehen sich als Hansa-Park-Familie.[10] Im Dienst für die Gäste eint die Grundhaltung, ein möglichst tadelloses „Produkt" abzuliefern – den Besuch im Park für die Gäste zu einem herausragenden Erlebnis werden zu lassen. Wer im Park arbeitet, findet dort mehr als eine Gelegenheit, den Lebensunterhalt zu verdienen.[11]

Als Kommandeur des Artilleriebataillons 295[12] in der Deutsch-Französischen Brigade meinte ich nach kurzer Zeit erkennen zu können, dass den rund 500 überwiegend männlichen Soldaten ein verbindender Gedanke fehlte. Um richtig verstanden zu werden: Die Arbeit wurde gemacht, das Leistungsniveau war hoch und Disziplinarmaßnahmen hielten sich in Grenzen. Aber mir fehlte das „Wofür" oder der „Spirit". Nach Gesprächen auf unterschiedlichen Ebenen habe ich die angestrebte Grundhaltung schließlich wie folgt formu-

---

[10] Siehe auch Lübecker Nachrichten vom 04.04.2020, S. 11.

[11] www.hansapark.de.

[12] Gemeint ist die in der Bundeswehr übliche Benennung eines Verbandes. In diesem Fall handelt es sich um das Feldartilleriebataillon 295 in Immendingen/Baden-Württemberg.

liert: „Ich diene gern bei 295" (zwo-neun-fünf). Zunächst vielfach belächelt, wurde diese Vorgabe mehr und mehr mit Leben gefüllt. Meine Argumente: Zur Grundpflicht des Soldaten, dem „treuen Dienen", haben sich Wehrpflichtige und Zeit- bzw. Berufssoldaten mit Eintritt in die Bundeswehr durch Gelöbnis und Eid verpflichtet. Mir ging es um eine Konkretisierung dieser eingegangenen Verpflichtung. Meine Überlegung: Wenn wir mit der Grundhaltung „Ich diene gern bei 295" morgens in die Kaserne fahren, guckt schon der Torposten in ein positiv gestimmtes Gesicht. Wer gern dient, bemüht sich als Ausbilder auch um eine spannende Ausbildungsgestaltung und gibt sich entsprechend viel Mühe. Wenn unsere Grundstimmung so gut ist, dass Angehörige des Bataillons ihren Freunden und jungen Verwandten empfehlen, nach Ausbildung oder Schulabschluss zu den Artilleristen nach Immendingen zu kommen, erledigen sich Nachwuchssorgen wie von selbst. Die Rechnung ging bei den meisten auf – gepaart mit einem gehörigen Maß an Stolz auf die hohe Leistungsbereitschaft und das bestehende Zusammengehörigkeitsgefühl. Gelang das einmal nicht, war aber eine Richtung für die erwünschte „Nachjustierung" vorhanden.

Meine Erfahrung: Die Mannschaft erwartet, dass der Chef Stellung bezieht (über die bei Bedarf gern diskutiert werden kann). Andernfalls leidet die Berechenbarkeit, Verdruss und unerwünschte Eigendynamiken können die Folge sein.

Aus der Beschäftigung mit den verbindenden Werten erwächst die Frage nach dem ethischen Handeln. Ebeling versteht unter Ethik „[…] die wissenschaftliche, insbesondere philosophische Untersuchung moralischer Überzeugungen und Unterscheidungen.“[13] In dem hier behandelten Kontext geht es um die Frage des Gewissens, der letztlich verantwortlichen Instanz. „Wer kontrolliert denn die Werte der Welt? Du, du allein. Nur im Scheinwerferbewußtsein des einzelnen bekommen und behalten die Dinge ihren Wert. Die moralischen Motive sind immer Sache des einzelnen.“[14] Und damit trägt der einzelne auch die Folgen seines Handelns. Ein altes Sprichwort lautet: „Ein gutes Gewissen ist ein sanftes Ruhekissen.“ Ob das tatsächlich so ist? – Der Christenmensch – gleichgültig ob er nun Offizier oder Manager ist – weiß um seine Fehlbarkeit und kann um Vergebung bitten, auf Entlastung seines Gewissens und eben diesen gesunden Schlaf hoffen. Damit ist ein Weg angedeutet – mehr aber auch nicht. An dieser Stelle endet jeder Rat, das Individuum ist gefragt. Gewissen bleibt nach hiesigem Verständnis immer „Kontrollinstrument“ des Individuums.

Angehenden General-/Admiralstabsoffizieren habe ich stets geraten, ihre Ausbildungsjahre an der Führungsakademie der Bundeswehr für die Feinjustierung ihres Gewissens zu nutzen. Verglichen habe ich das Gewissen mit einem Hochregal, das lebenslang mit Erkenntnissen und Erfahrungen befüllt wird. Wenn es darauf ankommt und Entscheidungen anstehen, wird

---

[13] EBELING, Klaus / GILLNER, Matthias (Hrsg.): Ethik-Kompass, Freiburg 2014, S. 48.
[14] LENZ, Sigfried: Der Überläufer, Hamburg 2016, S. 237.

mit dem vorhandenen Fundus auch unter Zeitdruck ein Urteil gebildet. Als ein Beispiel kann in diesem Zusammenhang der bereits verstorbene Unternehmer Dr. Hans Heinrich Driftmann gelten.[15] Er war nicht nur ausgebildeter Generalstabsoffizier und später Unternehmer, sondern auch in zahlreichen offiziellen Aufgaben und sozialen Projekten engagiert. Auf die Frage, warum er sich denn bis an die Grenzen seiner persönlichen Leistungsfähigkeit engagiere, soll er sinngemäß geantwortet haben: „Ich möchte ein gottgefälliges Leben führen!" Dieser Wirtschaftslenker hatte für sich einen Maßstab persönlichen Handelns klar definiert.

Als weiteres herausragendes Merkmal seines Wertegerüsts galt sein besonders ausgeprägter Führungswille. Dort, wo er Verantwortung übernahm, legte er auch die Regeln fest. Dabei führte er durchaus kooperativ, ließ aber gleichzeitig keinen Zweifel daran, bei wem am Ende die Verantwortung liegt. Die Ausbildung zum Generalstabsoffizier kam ihm auch als Unternehmer zugute. Verantwortung und „Führungsanspruch" bildeten ein untrennbares Junktim, das es ggf. auch gegen Widerstände durchzusetzen galt. Diese Grundhaltung hat er auch in Seminaren für zivile und militärische Führungskräfte eindrucksvoll ausgelegt.

Meine Erfahrung: Ohne Führungswillen keine Gefolgschaft!

Noch einmal zurück zur Frage des Gewissens: In den frühen Morgenstunden des 04. September 2009 ließ

---

[15] * 3. Januar 1948, † 26. April 2016.

Oberst Georg Klein als verantwortlicher militärischer Führer im Norden Afghanistans zwei Tanklastwagen, aus der Luft angreifen, die sich im Kunduz-River festgefahren hatten. Die Beurteilung der Lage hatte für ihn ergeben, dass von diesen LKW eine Gefährdung für seine Soldaten ausgehen könne. Er meldete seinen Vorgesetzten ein Lagebild, das den Einsatz von Unterstützung aus der Luft rechtfertigte. Allerdings stellte sich nach der Operation heraus, dass keine deutschen Truppenteile in dem Bereich unmittelbaren Feindkontakt hatten. Stattdessen hielten sich neben den vermuteten Taliban auch zahlreiche Zivilisten vor Ort auf, um den Treibstoff abzupumpen. Am Ende waren mehr als 130 zivile Todesopfer zu beklagen.[16] Ein derartiges Ereignis hatte es bis dahin in der Bundeswehr noch nicht gegeben. Während meiner Zeit an der Führungsakademie habe ich Oberst Klein nicht nur persönlich erlebt. Vielmehr bin ich im Kreis der Lehrgangsteilnehmer auch auf zahlreiche Soldaten gestoßen, die ihn im Einsatz als Kommandeur erlebt hatten und teilweise sogar in der besagten Nacht in seiner unmittelbaren Nähe gewesen waren. Sie alle haben ausnahmslos und oft ungefragt bestätigt, dass Oberst Klein ein im besten Sinne tadelloser Generalstabsoffizier war, der sein Handeln an einem klaren Wertegerüst orientierte. Vor dem Untersuchungsausschuss des Deutschen Bundestages hat er später die Phase nach der Operation u.a. wie folgt zusammengefasst: „Wir waren traurig, weil wir der Meinung waren, wir hatten eine schwere Entscheidung zu treffen und … ich bin,

---

[16] Siehe hierzu z.B. Deutscher Bundestag: Kurzprotokoll zur 112. Sitzung des Verteidigungsausschusses am 08. September 2009.

wenn ich das hier sagen darf, in die Kapelle gegangen und habe danach erst einmal gebetet.“[17]

Wenn es um Werte geht, kommt der individuellen Grundhaltung maßgebliche Bedeutung zu: Erziehung, Sozialisation, Lebenslauf – und schließlich die Bereitschaft, sich mit diesem Thema zu beschäftigen: „Werte werden [...] nicht gedacht, sondern es gibt ein eigenes >>Organ<< im Menschen, das von sich selbst her auf sie angelegt ist; analog wie das Auge darauf aus ist, Sichtbares zu registrieren, will das intentionale Fühlen des Werthaften habhaft werden. Der Ausdruck Fühlen soll signalisieren, dass es beim Wertfühlen nicht um die Erfassung einer rationalen Struktur, einer Form geht, sondern eines Materiellen, Qualitativen.“ [18]

Das „treue Dienen“, zu dem sich jeder Soldat durch Gelöbnis oder Vereidigung zu Beginn seiner Dienstzeit verpflichtet, ist die Richtschnur individuellen Handelns. Sie klingt zunächst recht abstrakt, wird aber im Tagesdienst operationalisiert. Im Einsatzfall beinhaltet das „treue Dienen“, das eigene Leben im Rahmen der Auftragserfüllung einzusetzen oder besser: Im Extremfall hinzugeben. Darauf sind Ausbildung und Erziehung ausgerichtet. Um es noch einmal deutlich zu sagen: Das „treue Dienen“ steht nicht über jedem Ausbildungs- oder Einsatzbefehl, aber es wird im Tages- und Gefechtsdienst mit Inhalten gefüllt. Dabei kommt dem, der die Inhalte ebenengerecht operationalisiert,

---

[17] THÖRNER, Marc: Der Oberst betet – Die neuen Helden der Bundeswehr, in: Deutschlandfunk, 18.10.2011, ausgeschriftetes Sendungmanuskript, S. 17.
[18] PIEPER, Annemarie: Einführung in die Ethik, Tübingen 6/2007, S. 245.

die entscheidende Rolle zu. Treu Dienen bedeutet eben mehr als über einen sicheren Job zu verfügen. – Das ist in einem zivilen Unternehmen nicht anders! Mitarbeiter, die allein zum Lebensunterhalt arbeiten, werden in ihrer Leistungsfähigkeit immer hinter denen zurückbleiben, die sich aus Überzeugung für ihr Unternehmen einsetzen.

Abschließend zwei Beispiele, in denen es um werteorientiertes Handeln geht. Sie stammen aus dem militärischen Alltag, sind aber mit ihren Kernbotschaften auf die zivile Arbeitswelt übertragbar.

Am Mittwoch, dem 19. März 2003, hält Oberstleutnant Tim Collins kurz bevor sein Bataillon gegen irakische Kräfte angreift eine bemerkenswerte Ansprache.[19] Darin geht es ihm nicht nur um den unbedingten Einsatzwillen seiner Soldaten, sondern auch und in ganz besonderer Weise um die Wahrung der Würde gegnerischer Soldaten und der einheimischen Bevölkerung. „Wir treten an, um zu befreien, nicht zu besetzen", beginnt er sinngemäß, um anschließend unmissverständlich klarzumachen: Töten bleibt das letzte Mittel der Auseinandersetzung – aus der Gefechtssituation heraus notwendig, auf keinen Fall leichtfertig: „I know of men who have taken life needlessly in other conflicts. I can assure you they live with the mark of cain upon them." – Und bereits mit den ersten Sätzen hatte er gefordert: „Allow them dignity in death. Bury them properly and mark their graves."[20]

---

[19] https://www.youtube.com/watch?v=UpdeNcH1H8A, 23.04.2021.
[20] a.a.O.

Dieser Appell ist umso bemerkenswerter, weil er Menschen ein Wertegerüst in Erinnerung ruft, das für manche Ohren gerade in dieser Situation eigenartig klingen mag. Nun wird es noch einmal postuliert gegenüber jungen Männern, die wenig später ins Gefecht ziehen – Ausgang ungewiss. Dabei die Richtschnur ethischen Handelns einzuhalten, nämlich gegenüber dem Gegner ohne Hass und Vergeltung aufzutreten, ist nicht durch Befehle zu erreichen, sondern setzt eine Grundhaltung voraus. Die – so ist anzunehmen – fordert Oberstleutnant Collins nicht völlig überraschend aus dem Augenblick heraus. Vielmehr hat er seine Soldaten vermutlich beispielgebend in diese Richtung erzogen und ausgebildet.

Ein persönliches Erlebnis aus dem Afghanistan-Einsatz im Jahr 2008 geht in dieselbe Richtung: Auf der Rückfahrt aus dem afghanischen Verteidigungsministerium in das multinational genutzte Camp Warehouse nähert sich von hinten ein Fahrzeug der ISAF-Militärpolizei. Mit Blaulicht samt Signalhorn und aggressiver Fahrweise räumt sich die Besatzung den Weg frei. Kein ganz leichtes Unterfangen auf der vielgenutzten Jalalabad-Route, einer der Verkehrsadern im Osten Kabuls. Hier bilden PKW, schwere LKW und Maultierkarren ein kaum zu überblickendes Wirrwarr, in dem schließlich auch Fußgänger und Mopedfahrer um ihre Bewegungsfreiheit kämpfen. Wir gehen mit gutem Beispiel voran und machen bereitwillig Platz, handelt es sich ja vermutlich um einen Notfall. An der Einlasskontrolle zum Lager stehen wir schließlich mit unserem Geländewagen direkt hinter dem der Militärpolizei. Ob es Freude am schnellen Fahren war oder andere Gründe zu diesem schikanösen Auftreten im Straßenverkehr führten, sei dahingestellt. Auf jeden Fall stieg ich aus und stellte den Truppführer – Soldat einer verbündeten Armee – zur Rede. „Wir sind Gäste in diesem Land und nicht Besatzer", lautete meine Botschaft. Mein Gegenüber wollte oder konnte mir nicht folgen, unsere jeweilige Grundhaltung zum Umgang mit den Bewohnern des Gastlandes lag unvereinbar weit auseinander.

Für meinen Kameraden, der mich stets sicher und souverän durch das Kabuler Verkehrsgewirr chauffierte, hatte ich mit dem Auftreten gegenüber der Militärpolizei Maßstäbe gesetzt: Er fühlte sich in seiner Fahrweise bestätigt und hatte ein weiteres Praxisbeispiel für meine Grundhaltung gegenüber der einheimischen Bevölkerung.

Meine Erfahrung: Wertvolles Handeln im Team oder Unternehmen steht am Ende eines Prozesses, dessen Initiierung zu den Pflichten des Vorgesetzten gehört.

Schließlich möchte ich bekennen, welche Pole für mich den Wert eines Mitmenschen ausmachen können. Auf die Frage, ist er oder sie ein wahrer Freund, kommt mir folgendes Erlebnis in den Sinn: In mein erstes Jahr bei der Bundeswehr fiel 1977 die Teilnahme am Einzelkämpferlehrgang. Körperlich fit, fehlten mir doch wichtige Kompetenzen, um mit den leistungsstarken Kameraden mithalten zu können. Ich fühlte mich also mehrfach unter Druck: Die geforderten Nachweise erbringen und unter den strengen Augen der Ausbilder bestehen. Rückhalt bot die mir von Beginn an bekannte Gruppe der Offizieranwärter. Einfache Unterbringung und mangelnder Schlaf waren nicht so schlimm wie Durst und Hunger. Über diese Entbehrungen sollten wir an unsere Grenzen herangeführt werden – was auch weitgehend gelang, die Nerven lagen oftmals blank.[21] Bei einer mehrtägigen Übung im Gelände war die Verpflegung wieder knapp. Ich entschied mich, die wenigen Stunden im Schlafsack hungrig zu überstehen. Dafür hätte ich dann am nächsten Morgen einen Brotkanten als Reserve. Ich verstaute diese kleine Kostbarkeit in meinem Kochgeschirr, das neben meiner anderen Ausrüstung offen im „Gruppennest" lag.[22] Am nächsten Morgen traute ich meinen Augen nicht – das Kochgeschirr war leer. Der Übeltäter konnte nur einer von uns sein – zu dem unbändigen Hunger kam noch die Enttäuschung über das Verhalten eines (unentdeckten) Kameraden. Diese Schilderung ist ausführlich, zielt aber auf den Kern meiner Prüffrage: Würde „der oder die" mit dir den letzten Brotkanten teilen. Das „täglich Brot" hat seitdem für mich einen derart hohen Stellenwert, dass ich Men-

---

[21] In Erinnerung geblieben ist mir ein Kamerad und Freund, dem am Ende des Waffenreinigens nach einer mehrtägigen Übung bei der Waffendurchsicht die „Sicherung durchbrannte" – wie wir das nannten. Dem für die Kontrolle eingeteilten Offizieranwärter hielt er wutentbrannt den Lauf seines Gewehrs G3 direkt vor das Gesicht – die Symbolkraft dieser Szene war eindeutig. Wir konnten eine weitere Eskalation verhindern, über den Vorfall wurde Stillschweigen vereinbart. Andernfalls wäre der beschriebene und ansonsten tadellose Kamerad vom Lehrgang abgelöst worden.
[22] Das Gruppennest entspricht einem behelfsmäßigen Unterschlupf, in dem einige Soldaten der Gruppe z.B. ruhen, während andere die Sicherung gewährleisten.

schen an dieser Frage messe. Dazu beigetragen hat vermutlich auch die aus dem Deutschunterricht von Wolfgang Borchert kurz nach dem Zweiten Weltkrieg verfasste Kurzgeschichte „Das Brot": Von unbändigem Hunger getrieben, greift der Ehemann auf Kosten seiner Frau in den gemeinsamen knappen Brotvorrat. Zur Rede gestellt, leugnet der „Übeltäter", was offensichtlich ist.[23] – Für mich als heranwachsenden Mann schon damals kaum zu fassen.

23 Borchert, Wolfgang: Das Brot, 1947

Organisatorische Maßnahmen und Methodenlehre

Die folgenden Ausführungen entsprechen einem Werkstattbericht im Sinne von: „**A**us **E**rfahrung **G**ut.".[24] Verfahren und Prozesse, die sich im militärischen Alltag sowie in der Ausbildung von angehenden Generalstabs- und Admiralstabsoffizieren bewährt haben, werden hier in komprimierter Form dargestellt.

Der Führungsprozess

Unter den zahlreichen „Werkzeugen im Methodenkoffer" hat der Führungsprozess eine zentrale Bedeutung – so wie etwa ein Schraubenzieher zu jeder Erstausstattung einer Werkzeugtasche gehört. Ausgelöst wird der Führungsprozess durch eine neue Aufgabenstellung oder aber die Bestandsaufnahme im Rahmen eines bereits laufenden Projekts. Er gliedert sich in vier aufeinander folgende Phasen. So wird ein umfassendes und geordnetes Vorgehen sichergestellt – sowohl der eigenen Gedankenführung wie auch bei der Arbeit im Team. Besonders unter Stress oder in Situationen aus der Kategorie „unsichere Lage" stehen Stringenz und Disziplin im Denken an erster Stelle. Volkstümlich wird davon gesprochen, „kühlen Kopf zu bewahren". Das gelingt, wenn in einer Phase höchster Beanspruchung der Weg zur Erarbeitung einer Lösung feststeht und damit die wesentliche Frage zur Vorgehensweise beantwortet ist. Alle freien Kapazitäten des Gehirns

---

[24] Werbeslogan der AEG in den 50er und 70er Jahren (https://www.slogans.de/slogans.php?BSelect%5B%5D=646), 23.04.2021.

stehen für die Erarbeitung einer Lösung zur Verfügung. Beim Blick in den persönlichen Methodenkoffer ist ganz klar, welches „Tool" jetzt an der Reihe ist.[25] Für Personen in Verantwortung ist es geradezu essentiell, selbst unter hohem Stress auf ihre Umgebung Gelassenheit auszustrahlen. Andernfalls besteht die große Gefahr, dass sich Unruhe und Nervosität auf das Team übertragen. Wenn es so weit kommt, haben Sie nicht nur eine Sachfrage zu klären. Sie sind vielmehr im unpassendsten Augenblick gezwungen, die eigene Mannschaft mit einem Teil ihrer Aufmerksamkeit und freien Kapazitäten wieder auf den gewünschten Weg zurück zu bringen. Ihre Umgebung nimmt sofort wahr, ob Sie unsicher sind oder sogar Angst haben. Wenn sich diese Einschätzung mehrheitlich bestätigt, sinken erfahrungsgemäß Leistungswille und Output. Am Ende sehen Sie „alt" aus, weil ihre Autorität gelitten hat und das Ergebnis u.U. nicht ihren Erwartungen entspricht.[26]

Von unseren Vorfahren, die noch in sippenartigen Großfamilien zusammenlebten und sich von der Jagd ernährten, ist uns das Grundbedürfnis nach Sicherheit geblieben. Wenn Sie als „Leitperson" diesem An-

---

[25] Vergleichen Sie diese Empfehlung mit dem sicheren Griff ihres Installateurs in seinen Werkzeugkoffer, wenn er bei Ihnen einen Wasserhahn auswechseln soll.

[26] Der Führungsprozess hatte über Jahrzehnte die Bezeichnung „Führungsprozess der Landstreitkräfte". Inzwischen werden alle Offiziere der Bundeswehr in der Handhabung dieser Methode unterrichtet und geschult. Grundlagendokument: Vorschrift C1-160/0-1004 Truppenführung – Deutscher Führungsprozess der Landstreitkräfte aus 10/2017.

spruch nicht mehr genügen (können), wird die Aufmerksamkeit geteilt, die Kapazitäten werden verzettelt – und das geht auf Kosten des angestrebten Produkts.

Meine Erfahrung: Wie's drinnen aussieht geht keinen was an. Üben Sie sich in Selbstdisziplin und strahlen Sie auf ihre Umgebung aus: Ihr könnt Euch auf mich, Euren Führer, verlassen![27]

Nun aber in den persönlichen Werkzeugkasten gegriffen und den Führungsprozess herausgeholt.

---

[27] Nehmen Sie sich in kritischen Situationen selbst wahr und überprüfen Sie Ihr Verhalten. Wenn Sie Optimierungsbedarf erkennen, gehen Sie an die Arbeit.

Er gliedert sich in vier Phasen, nämlich
+ Entscheidungsfindung,
+ Planung,
+ Befehlsgebung und
+ Lagefeststellung/Kontrolle.

Die Phasen folgen einem gedachten roten Faden zur sicheren Bearbeitung eines Problems bzw. einer Aufgabenstellung, gleich welchen Umfangs. Bevor es an die eigentliche Arbeit geht, ist die Frage nach dem Zeitbudget zu beantworten: Wieviel Zeit kann ich mir bzw. meinem Team für den gesamten Prozess nehmen, was brauchen nachgeordnete oder benachbarte Bereiche für ihre Arbeit?[28] Anfang und Ende der eigenen Arbeit stehen damit fest. Die Anwendung des Führungsprozesses soll vor überstürztem Handeln schützen und macht Entscheidungen auch im Rückblick nachvollziehbar. Alle Mitglieder des Teams sollten ihrer Verantwortungsebene entsprechend in der Handhabung dieser Methode geschult sein. Ein gemeinsames Verständnis ist kein Selbstzweck, sondern ermöglicht die passgenaue Zuarbeit, wenn es „drauf ankommt".

In der Lagefeststellung werden zunächst alle Informationen gesammelt und zu einem „Lagebild" verdichtet.

---

[28] Hintergrund dieses Hinweises: Die Anwendung des Führungsprozesses in höheren Stäben führt nicht selten dazu, dass die zur Verfügung stehende Zeit ungleich und nicht-aufgabengerecht verteilt wird. Der nachgeordnete Bereich wird gezwungen, sich mit der übriggebliebenen Zeit zu begnügen. Truppe spricht in derartigen Fällen von „Huddelei", womit die Situation recht treffend auf den Punkt gebracht wird.

Dieser Schritt erscheint auf den ersten Blick nicht nur logisch, sondern auch besonders simpel. Achtung, Vorsicht ist geboten! Das Sammeln der Informationen ist keine „reine Fleißarbeit". Vielmehr sind Umsicht und Genauigkeit gefragt. Als Leitfrage an dieser Stelle bietet sich an: wie ist die Faktenlage, welche Informationen liegen vor, sind ggf. aus mehreren Quellen bestätigt, wo bestehen noch Informationslücken? Daraus ergibt sich die Systematik der Informationsaufbereitung.

Erst danach folgt die Auswertung der Informationen und zwar in den Schritten Bewertung der Informationen und Folgerungen für das eigene Handeln.

Ansprechen, Bewerten, Folgern – kurz: A-B-F. Wer diesen Dreiklang beherrscht, verhindert die Vermischung von Tatsachen, Annahmen, Spekulationen, Wertungen und Empfehlungen. Ferner hüten Sie sich davor, abzugleiten oder auch Äußerungen u.U. mehrfach zu wiederholen.

Meine Empfehlung: Wo immer Sie mit einem Statement gefordert sind, disziplinieren Sie Denken und Sprache durch die Anwendung dieses Dreiklangs. Und Entsprechendes gilt für den Fall, dass ihnen vorgetragen wird.[29] Fordern Sie diese Struktur ein, Sie können dann besser folgen und erreichen gleichzeitig inhaltliche Stringenz. Achten Sie darauf, dass Tatsachen und Annahmen nicht miteinander vermischt werden.

---

[29] Sie gehen doch im Privatleben oft nicht anders vor, z.B.: Die Sonne scheint (A) – es kann heute sehr warm werden (B) – wir müssen ausreichend Getränke auf die Wanderung mitnehmen (F).

Zum Stichwort „Informationen" der folgende Hinweis: Als ein wichtiges Merkmal ihrer Einordnung gilt die Frage nach der Relevanz. Haben die Informationen unmittelbaren Einfluss auf mein Handeln oder fallen sie in die Kategorie „nice to know" – bin ich direkt oder indirekt betroffen? Die Truppenführung unterscheidet in diesem Zusammenhang zwischen Verantwortungs- und Interessenbereich. Dazu ein Beispiel aus der zivilen Welt: Die noch nicht genutzten Kapazitäten in der eigenen Produktion fallen für Sie als Unternehmer unter die Rubrik „Verantwortungsbereich". Anders die Lieferschwierigkeiten des Konkurrenten: die sind zwar durch Sie nicht zu beheben, haben aber u.U. erheblichen Einfluss auf ihre anstehende Entscheidung zur Produktionserweiterung. Sie gehören daher zum „Interessenbereich". Diese Unterscheidung ist der militärischen Operationsführung entnommen. Wenn ein bestimmter Geländeabschnitt verteidigt wird, ist das der Verantwortungsbereich des eingeteilten Führers. Das Geschehen bei seinen linken und rechten Nachbarn unterliegt nur bedingt seinem Einfluss, kann aber z.B. im Falle eines Feindeinbruchs von entscheidender Bedeutung sein. Es ist also wichtig zu wissen, was dort im Interessenbereich geschieht.

Das systematische Vorgehen bei der Lagefeststellung führt nicht selten zu der Erkenntnis, dass wichtige Informationen erst noch beschafft werden müssen. Andere dagegen stellen sich als belanglos heraus und können vernachlässigt werden

Schließlich noch ein Hinweis zur Methode. Die Lagefeststellung wird im Führungsprozess immer wieder und kontinuierlich angestellt. Sie dient nicht nur zur

Vorbereitung einer anstehenden Entscheidung, sondern stellt eine Routine dar. „Läuft alles so, wie wir uns das vorgestellt haben oder wie von mir beabsichtigt?" Wer diesen Schritt der „Dienstaufsicht" unterlässt, verliert möglicherweise wertvolle Reaktionszeit. Deshalb bilden Lagefeststellung und Kontrolle auch eine methodische wie inhaltliche Einheit.[30] Spätestens an dieser Stelle wird deutlich, dass der Führungsprozess kein Arbeitsinstrument mit definiertem Anfang und Ende ist, sondern ein dynamischer, stets von Neuem wiederkehrender Vorgang. Oder anders ausgedrückt: Wenn im Rahmen der Kontrolle erkennbar ist, dass sich der eingeschlagene Weg nicht bewährt oder sich der Lösungsansatz aufgrund geänderter Rahmenbedingungen in eine nicht gewünschte Richtung entwickelt, ist umgehend eine weitere Phase „Entscheidungsfindung" einzuleiten. Ihr Umfang richtet sich nach dem Ausmaß der festgestellten Abweichung. In der Taktikausbildung lautet einer der Grundsätze: „Der Operationsplan gilt bis zum ersten Feindkontakt!" Oder anders ausgedrückt: Selbst der beste Plan ist im Rahmen der Umsetzung kontinuierlich an die Gegebenheiten anzupassen.

Die Phase Entscheidungsfindung beinhaltet grundsätzlich drei Teil-Schritte:

+ Auswerten des Auftrags,

+ Beurteilung der Lage,

+ Entschluss.

---

[30] „Kontrolle" ist dem Zeitgeist entsprechend oftmals mit einer negativen Konnotation behaftet. In diesem Fall bedeutet Kontrolle ganz simpel „wissen was los ist". Oder nennen Sie es die Erstellung eines Soll-Ist-Vergleichs.

Die militärischen Begrifflichkeiten sorgen als Überschriften für die nötige Klarheit. Auch deshalb werden sie an dieser Stelle benutzt und in den folgenden Handlungsempfehlungen beschrieben. Die zivile Führungskraft initiiert eine Entscheidungsfindung entweder selbst oder wird beispielsweise durch eine Weisung oder die Übernahme einer Projektgruppe dazu angehalten.

Für die Auswertung des Auftrags ist die „Absicht der übergeordneten Führung" von zentraler Bedeutung. „Welches Ergebnis soll mit der mir übertragenen Aufgabe erreicht werden? Wo liegt das Ziel, wie wurde die Zielsetzung formuliert?" Dem Gesamtverständnis dient das Beispiel einer Fahrkarte ohne Zugbindung: Das Reiseziel ist darauf vermerkt. Der Rest ist offen und in das Ermessen des Reisenden gestellt. Um im Bild zu bleiben: Wichtig ist es beispielsweise, zum vorgegebenen Zeitpunkt am richtigen Bahnhof anzukommen – alles andere (z.B. Abfahrt, Strecke, Zugwahl, Anzahl der Umsteigebahnhöfe…) ist offen und fällt in die Verantwortung des Reisenden (dazu an anderer Stelle mehr). Im Zuge der Reisevorbereitung sind die unterschiedlichen Optionen herausfinden und gegeneinander abzuwägen: Soll die Reise möglichst wenig Zeit in Anspruch nehmen, soll Sie wenig kosten… Wer die Absicht nicht kennt oder versteht, wird mit seinem Endergebnis nur zufällig die beabsichtigte Zielerreichung sicherstellen können.

Meine Empfehlung: Wenn Sie Auftragnehmer sind, wiederholen Sie die Absicht Ihres „Weisungsgebers" ggf. mit eigenen Worten und gehen auf Nummer sicher. Wenn sie selbst einen Auftrag erteilen, fragen Sie nach, ob Sie verstanden wurden.

Ein Einwand könnte an dieser Stelle lauten, dass der selbständige Unternehmenslenker keine „Absicht der übergeordneten Führung" kennt – er ist ja sein eigener Chef. In diesem Fall sind die o.g. Hinweise im übertragenen Sinn zu gebrauchen: „Worauf kommt es mir an? Wohin will ich, wie lautet mein Ziel? Wo will ich wann mit meinem Unternehmen stehen?" Vielleicht gibt es eine Vision, eine Berufung, die weit über das Tagesgeschehen hinausreicht. Wenn dem so ist, dauert die Erstellung der notwendigen Fahrkarte nicht lange.

Zu den vornehmen Pflichten des Vorgesetzten gehört es, die eigene Absicht klar zu formulieren. Andernfalls handeln Mitarbeiter ins Ungewisse hinein oder das Endprodukt entspricht nicht den Erwartungen. Beide Entwicklungen sind „tödlich" für die Motivation. Setzen Sie alles daran, dass Fragen – z.B. nach der Absicht – zu ihrem Führungsverständnis gehören. „Man" muss sich trauen dürfen, danach zu fragen. Wer Sorge hat, nach einer Frage bloßgestellt oder gehänselt zu werden, wird sich vor einer Blamage hüten.

Zur Bekanntgabe der eigenen Absicht hat sich die Formulierung bewährt: „Mir kommt es darauf an…" oder: „Mein Ziel ist es…". Wer ganz sicher gehen will, formuliert seine Absicht schriftlich. In der Umsetzung an den betroffenen Personenkreis ist zu gewährleisten, dass die Absicht auf der Ausführungsebene verstanden wird. Im militärischen Sprachgebrauch wird von „herunterbrechen" gesprochen. Gemeint damit ist z.B., die

Absicht einer übergeordneten Ebene für den jeweiligen Bereich zu übersetzen i.S.v. verständlich zu machen. Für den Maschinenführer ist die Absicht anders zu formulieren als für die Leiterin der Finanzabteilung.

Meine Erfahrung: Wer nicht klar sagt was er will, darf sich nicht wundern, dass er nicht das bekommt, was er braucht.

Schlüsselfragen bei der Formulierung der eigenen Absicht können lauten:

- Worauf kommt es im Kern an?
- Wohin will ich?
- Welche Hauptzielsetzung wird verfolgt?
- Welche Maßnahmen sind in diesem Zusammenhang von besonderer Bedeutung?

Zurück zur Entscheidungsfindung. Die Auswertung des Auftrags ist fast abgeschlossen. Eine zentrale Frage ist aber noch zu beantworten: Weiß ich genau, welches mein Anteil oder der meines Teams am Gelingen des Gesamtprojekts/des Auftrags ist? Kenne ich die durch mich zu erbringende wesentliche Leistung? Eine Möglichkeit, auf Nummer sicher zu gehen, bietet in diesem Zusammenhang das „Ausmessen" – zum Beispiel: Meine wesentliche Leistung besteht darin, in … Tagen … mit … Mitarbeitern … Teile für die weitere Produktion bereitzustellen. Die Einführung von messbaren Größen erleichtert die Ausrichtung eigener Kräfte ebenso wie die Kontrolle. Hier handelt es sich letztlich um eine „Geschmacksfrage" – Wichtig ist in jedem Fall, dass die eigene wesentliche Leistung erkannt wird. Danach folgt die Beurteilung der Lage entsprechend dem nachfolgenden Schema.[31]

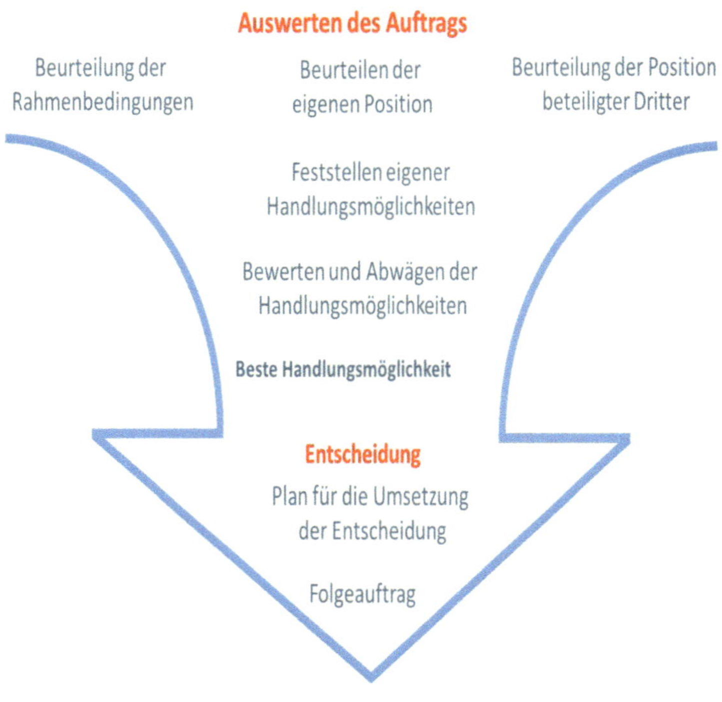

---

[31] In Anlehnung an eine Darstellung der Führungsakademie der Bundesagentur für Arbeit in Lauf bei Nürnberg aus dem Jahr 2017. Dabei wurde auf den Führungsprozess der Bundeswehr Bezug genommen.

Bewährt hat sich, die Einzelergebnisse oder Zwischenschritte schriftlich festzuhalten, zumindest stichwortartig auszuformulieren und im günstigen Fall zu visualisieren.[32] Das zwingt auch hier zu stringentem Denken und Folgern. Vielredner werden auf diese Weise diszipliniert. Der Entscheider profitiert davon ebenso wie die Gruppe von Zuarbeitern.

Ein Beispiel aus der Zeit der Corona-Virus-Pandemie: Ein Apotheker steht vor dem Problem, dass ihm aufgrund offizieller Ausgangsbeschränkungen die große Gruppe der Laufkundschaft abhandenkommt. Dazu zählen auch die in dieser Jahreszeit üblichen Touristenscharen. Das Personal ist nicht mehr ausgelastet, die Umsätze gehen merklich zurück. Dem genannten Apotheker kommt es darauf an, Entlassungen auch mit Blick auf die soziale Verantwortung als Arbeitgeber zu vermeiden und das Geschäftsergebnis auf jeden Fall nicht einbrechen zu lassen. Was ist zu tun?

Bei der Beurteilung der Rahmenbedingungen stellt er fest, dass die Kundenwünsche nach Desinfektionsmitteln zum aktuellen Zeitpunkt nicht oder nur sehr eingeschränkt zufriedengestellt werden können. Den „beteiligten Dritten", seinen Berufskollegen in der Region,

---

[32] Aus Erfahrung weiß ich, dass die Nutzung einfacher Hilfsmittel geübt werden muss. Schon das Schreiben auf einer Flipchart bedeutet für viele das Überwinden einer inneren Sperre. Als Arbeitsmittel reichen zunächst große Bögen, große Stifte und Klebematerial. Es muss ja nicht gleich ein Moderatorenkoffer sein – sofern der vorhanden ist, erweitern sich die Darstellungsmöglichkeiten allerdings erheblich. Die auf den Bögen erarbeiteten Produkte werden anschließend aus Gründen der Übersichtlichkeit am besten an (Stell-) Wänden befestigt.

ergeht es nicht anders. Die Beurteilung der eigenen Position ergibt: Die technischen Möglichkeiten zur Eigenherstellung von Desinfektionsmitteln sind vorhanden, ebenso das Fach- und Hilfspersonal. Bei der Abfüllung kann bei Bedarf ein branchenfremdes Unternehmen mit seinen Anlagen aus der Bierproduktion unterstützen. Damit liegt das Ziel der Entscheidungsfindung klar auf der Hand. Die Lösung, nichts zu unternehmen und die erkannte Chance verstreichen zu lassen, wird als sog. „abwegige Lösung" verworfen und nicht weiterbetrachtet. Es geht also nicht mehr um das „Ob", sondern um das „Wie".

Je komplexer die Aufgabenstellung ist, desto eher empfiehlt sich beim Feststellen und Abwägen der Handlungsmöglichkeiten die o.g. Visualisierung: Einzelne Möglichkeiten werden formuliert, anschließend nach ihren jeweiligen Vor- und Nachteilen bewertet und schließlich gegeneinander abgewogen. Je nach Fragestellung kann es vorkommen, dass alle Möglichkeiten eine oder mehrere Gemeinsamkeiten aufweisen. Dann wird von einem „gleichbleibenden Element" gesprochen – oder eben von mehreren. Stellen Sie diese Tatsache deutlich heraus – am besten auch in diesem Fall wieder in visualisierter Form.

Wenn der hier beschriebene Weg konsequent beschritten wird, bleibt die beste Handlungsmöglichkeit schließlich „auf dem Sieb liegen". Oder wenn Sie in der oben gezeigten Graphik bleiben mögen: Die offensichtlich beste Lösung fällt wie von selbst unten aus dem trichterförmigen Pfeil heraus. Die Entscheidung kann getroffen bzw. eine Empfehlung dafür abgegeben werden.

In komplexer Lage schlägt die Stunde der Teammitglieder beim Erarbeiten, Darstellen und Abwägen der Möglichkeiten. Dann liegt es an ihnen, den Verantwortungsträger am Ende von der favorisierten Lösung mit guten Argumenten zu überzeugen. Gelingt das nicht – d.h. die Entscheidung lautet anders als die Empfehlung des Stabes/des Teams –, gibt es nur eine Konsequenz: Zähne zusammenbeißen und ran an die Arbeit. Lamentieren oder nachkarten gehören in die Kategorie „no go".

Meine Empfehlung: Bis zur Entscheidung wird beraten, danach nicht mehr!

Wird der erarbeiteten Empfehlung nicht gefolgt und stattdessen ein anderer Lösungsansatz gewählt, kann das zwei Gründe haben: Das Team der Zuarbeiter hat wichtige Aspekte außer Acht gelassen und wird davon eingeholt – oder: Die Empfehlung war mit derart schwachen Argumenten unterlegt bzw. vorgetragen, dass ein Abweichen auf der Hand lag. Und die dritte Erklärung kann lauten: Der Entscheider hatte sich aufgrund „übergeordneter Einsicht" bereits vor Ihrer Ergebnispräsentation festgelegt. Dazu an anderer Stelle.

In jedem Fall gilt: Wenn eine Entscheidung getroffen wurde, ist Loyalität angesagt – und zwar für alle Teammitglieder.

Das gilt auch für den Fall, dass sich am Ende des Tages die ursprünglich empfohlene Lösung als die bessere herausstellt („Hätten Sie auf uns gehört…"). Diese Art der Besserwisserei lassen Sie sich als Entscheider nicht bieten. Pochen Sie auf Loyalität! Hinter geschlossener

Tür sollten Sie das Ereignis nachbereiten. Sie vergeben sich grundsätzlich nichts, wenn Sie mit Ihrem Team offensichtliche Mängel ansprechen: Wo war der inhaltliche/methodische Bruch in der Abgabe einer Empfehlung? Warum haben Sie anders entschieden als empfohlen? Wo sehen Sie Steigerungspotential bei der Vorbereitung einer neuen Entscheidung? Wie verringern Sie mit Ihrem Team das Risiko, erkannte Fehler zu wiederholen?

Achten Sie darauf, dass Sie sich tatsächlich bis zur Entscheidung beraten lassen. Machen Sie die Betroffenen zu Beteiligten!

Zum Bild: Das Schwein ist betroffen, das Huhn ist beteiligt.[33]

---

[33] Wenn Sie in Versuchung kommen, ohne Hinzuziehung ihrer Experten zu entscheiden, erinnern Sie sich an das Bild mit bacon and eggs – machen Sie Betroffene zu Beteiligten! Fotoquelle: Selbst

Eine mitunter gern praktizierte Methode besteht darin, sich beraten zu lassen, den Mitarbeiter(n)Innen augenscheinlich zuzuhören („Ich lege großen Wert auf die Meinung meines Teams!"), um am Ende stets die eigene Idee durchzusetzen. Diese Art der Beteiligung wirkt vernichtend – und zwar garantiert und mit Breitenwirkung. Schon nach kurzer Zeit werden Sie feststellen können, dass Ihnen entweder keine echte Beratung mehr zuteilwird, oder man Ihnen ganz einfach „nach dem Munde" redet.

Bei der Führungsbegleitung eines Teams, das den Großteil seiner Kraftanstrengungen in die Beschäftigung mit sich selbst investierte, wurde schon nach kurzer Zeit der Appell an die Chefin laut: „Entscheiden Sie doch endlich mal!" Und die Forderung ging noch weiter: „Selbst wenn sich am Ende herausstellt, dass Sie falsch entschieden haben, ist das aber schon ein Gewinn." – Soweit sollten Sie es nicht kommen lassen!

Meine Erfahrung: Lieber eine falsche Entscheidung als keine.

Die Formulierung der Entscheidung zum Ende dieser Phase orientiert sich an den „6 W's":

Wer tut → **W**as → **W**ann → **W**ie → **W**o → <u>**W**ozu</u>

Da ist es wieder, das WOZU, die Frage nach der Absicht: Wozu treffe ich diese Entscheidung? Was soll auf jeden Fall dabei herauskommen?

Sinek spricht in diesem Zusammenhang vom WA-
RUM – und schreibt darüber ein ganzes Buch. „Warum: Nur wenige Menschen und Firmen können klar
formulieren, warum sie tun, was sie tun. Wenn ich warum sage, meine ich nicht Geld verdienen. Das ist nur
das Resultat. Warum heißt, was ist das Ziel, der Beweg-
grund, der Glaube?"[34]
Und damit nähern wir uns einem Herzstück bewährter
Führungskultur.

---

[34] SINEK, Simon: Frag immer erst: Warum, München 2014, S. 41.

Auftragstaktik

Grundlagen

Im Gegensatz zu angeblich „zeitgemäßen" Führungsmethoden, deren Verbreitung sich nicht selten am anvisierten Verkaufsziel der jeweiligen Trainer orientiert, verfügt Auftragstaktik über eine gleichsam militärwissenschaftliche Entwicklung und Bewährung.

Mit dem Ende der Linear- und Kolonnentaktik wurde um die Frage gerungen – fast möchte ich sagen gestritten –, ob damit Änderungen im Führungsverhalten und im Handeln auf den unterschiedlichen Organisations- und Hierarchieebenen einhergehen müssten. Befürworter eines Wandels traten nachdrücklich für das Ende einer eher passiven Disziplin in „Reih und Glied" ein. Statt einem „mechanischem Gehorsam" sollte fortan das Leitbild eines „selbständig denkenden Gehorsams" gelten.[35] Dahinter steht die Erwartung, dass der einzelne Soldat den Dienst mit Hingabe, zumindest aber engagiert versieht: Er kann sein Handeln in einen Gesamtzusammenhang einordnen und kennt die Absicht, die hinter dem ihm erteilten Auftrag steht. Damit wird er nicht nur ein zuverlässiger Kämpfer, sondern bewährt sich auch in besonderer Lage. Bei Ausfall seines Führers handelt er dessen Absicht entsprechend weiter und wartet nicht auf neue Befehle. Das setzt den mitdenkenden, urteilenden Soldaten voraus. Anders funktioniert dieser Ansatz der „mitdenkenden Diszip-

---

[35] LEISTENSCHNEIDER, Stephan: Auftragstaktik im preußisch-deutschen Heer 1871 bis 1914, Hamburg 2002, S. 95.

lin“ nicht. „Achtung und Vertrauen, die sich der Vorgesetzte jedoch erst erwerben muß, sind die besten Grundlagen der aktiven Disziplin“[36] Dazu zählen für die Verfechter dieses Ansatzes die Bereitschaft, Verantwortung zu übernehmen, eine – wie wir heute sagen würden – angemessene Fehlerkultur, erfüllbare Aufträge und ein Gemeinschaftsgefühl (Kameradschaft). Strenge wird nur für Fälle empfohlen, in denen Gleichgültigkeit und mangelnder Wille offensichtlich sind.

Das Ringen um die Auftragstaktik – auch Auftragskampf oder Auftragsverfahren genannt – wird mit dem Erlass des Exerzier Reglements von 1888 noch einmal befeuert. Befürworter und Gegner erstellen umfangreiche Studien. Auf Grundlage der Erfahrungen aus dem Burenkrieg (1899-1902) wird für die Infanterie ein Angriffsverfahren entwickelt und geübt, das Selbstständigkeit auf der Grundlage von Vertrauen und Selbstvertrauen voraussetzt. Im wenig später folgenden Russisch-Japanischen Krieg (1904/1905) war die Seite im Vorteil, deren Gefechtsführung die Grundzüge der Auftragstaktik berücksichtigte. „Der japanische Infanterist war zu einem denkenden, selbsthandelnden Schützen erzogen; der russische war nur geübt, in der Masse auf Befehl seiner Führer zu handeln.“[37]

In den Folgejahren setzte sich Auftragstaktik nicht zuletzt durch die Herausgabe eines Nachfolge Exerzier-Reglements (1906) durch. Neben der Infanterie wurden entsprechende Überlegungen z.B. für die Artillerie angestellt.

---

[36] LEISTENSCHNEIDER, Stephan, S. 96.
[37] a.a.O., S. 131.

Die Entscheidung zur Einführung der Auftragstaktik basierte auf einer Grundlagenarbeit, wie sie heute kaum noch anzutreffen ist. In Studien und Gegen-Studien wurde um die besseren Argumente gerungen und bezogen ihre Autoren öffentlich Stellung. Schließlich hat sich die bis in die Gegenwart moderne Form der Gefechts- und Truppenführung mit Aufträgen durchgesetzt.[38]

Dieses Hintergrundwissen zu Entwicklung und Ausgestaltung der Auftragstaktik erleichtert das Verständnis der noch heute in der Bundeswehr gültigen Führungskultur und mag als Beleg für die fundierte Entwicklung sowie in der Praxis bewährte Methode gelten.

Für den Leser ohne militärischen Hintergrund ist noch einmal deutlich herauszustellen: Führen mit Auftrag als Grundlage von Führungshandeln beinhaltet auch, dass in Abhängigkeit der jeweiligen Situation kurze eindeutige Befehle erteilt werden: Wenn der Gruppenführer einem Soldaten neben ihm unter Feindfeuer befiehlt „spring" und dabei auf die andere Straßenseite zeigt, wird nicht lange die Absicht erklärt. Das erwartete Ver-

---

[38] Vergl. hierzu: Bundeswehr, Kommando Heer: Truppenführung - Deutscher Führungsprozess der Landstreitkräfte, C1-160/0-1004 vom 12.10.2017. Im Kapitel „Prinzipien des deutschen Führungsprozesses der Landstreitkräfte" heißt es dazu auf S. 4 unter der Nr. 1001: „… **Führen mit Auftrag**. Die den nachgeordneten Führern und Führerinnen (Fhr) gewährte Handlungsfreiheit bei der Durchführung kommt in der unmissverständlich formulierten eigenen Absicht und im Auftrag mit klaren, erfüllbaren Zielen zum Ausdruck. Dies schließt das Bereitstellen der dazu erforderlichen Kräfte und Mittel sowie der Zeit zur Planung und Umsetzung ein." -

halten ist klar. Letztlich erreicht Auftragstaktik in diesem Beispiel einen Grad der Perfektion: Das Verhältnis zwischen Befehlsgeber und Befehlsempfänger bietet ein so sicheres Fundament, dass in lebensbedrohlicher Lage wie gefordert und verzugslos reagiert wird – koste es was es wolle.

Mit den folgenden Beispielen werden die o.g. Ausführungen noch einmal aus anderer Perspektive unterstrichen.

Als die diensthabenden Ingenieure im Atomkraftwerk von Fukushima am Nachmittag des 09. März 2011 Unregelmäßigkeiten im Betriebsablauf feststellen, nehmen sie wie für derartige Fälle vorgesehen ihre Checklisten zur Hand. Schritt für Schritt gehen sie gewissenhaft vor. Das Ergebnis ihrer Bemühungen ist bekannt. Trotz Verschlechterung der Situation – so Klaus Töpfer und Ranga Yogeshwar – kommt kein Techniker auf die Idee, von dem vorgeschriebenen Verfahren abzuweichen und alternative Wege zu beschreiten.[39] Die Pflicht zur Weisungstreue bildet in diesem Fall die Richtschnur eigenen Handelns. Dabei liegt die Lösung so nah: Zwei Löschgruppen der örtlichen Wehr hätten gereicht, um mit den vorhandenen Pumpen Meerwasser in die Kühlbecken zu leiten. Mit an Sicherheit grenzender Wahrscheinlichkeit hätte es zwar eine Umweltverschmutzung gegeben, die Katastrophe von Fukushima wäre jedoch vermieden worden. – Diese Kurzversion der Ereignisse im Frühjahr 2011 stellt in

---

[39] Vgl. TÖPFER, Klaus / YOGESHWAR, Ranga: Unsere Zukunft, München 2011.

geradezu klassischer Weise Handlungsweisen auf der Grundlage von Auftrags- und Befehlstaktik gegenüber.

„Der preußische Gehorsam ist der einer freien Entscheidung, nicht der einer unterwürfigen Dienstwilligkeit" lautete der Wandspruch im Speisesaal der Hauptkadettenanstalt in Groß-Lichterfelde.[40] Generationen preußischer Kadetten haben ihn mehrfach täglich gelesen. Übertragen auf die tägliche Arbeit: Die Umsetzung einer Entscheidung erfolgt durch den „Auftragnehmer" so lange auf dem vorgesehenen Weg, bis die Umstände bzw. die Lageentwicklung ein Umdenken erfordern. Statt blindem Gehorsam wird situationsgerechtes Handeln im Sinne der „Absicht der übergeordneten Führung" vorausgesetzt. „Auftragstaktik in preußisch-deutscher Tradition ist mehr als die Vergabe einer Aufgabe unter Bereitstellung notwendiger Mittel und der Freiheit in der Durchführung […] Ihr Kern ist die in Selbstständigkeit und Gehorsam verklammerte Pflicht zur Auftragserfüllung, auch und gerade zu lagebedingter Auftragsabweichung im Sinne der Absicht des höheren Führers."[41] – Marshall Grouchy, der tragischen Figur in der Schlacht von Waterloo (18. Juni 1815), gelang das bekanntermaßen nicht: In der Rolle des Zuarbeiters war er gewohnt, Napoleons Weisungen buchstabengetreu umzusetzen.

---

[40] JANßEN, Karl Heinz: Der gute Kamerad, DIE ZEIT vom 07. Mai 1976.
[41] SENGER, Rainer: *Auftragstaktik – Tradition, Erfahrung, Chance* in: BECK, Hans-Christian / SINGER, Christian (Hrsg.): Entscheiden, Führen, Verantworten, Berlin 2011, S. 81.

„Die Weltminute von Waterloo"[42] überschreibt Stefan Zweig seine Schilderungen. Grouchy hat das Schicksal Europas in der Hand – Festhalten am Befehl, die Preußen zu verfolgen, oder aufgrund neuer Aufklärungsergebnisse abweichen und die Masse seiner Kräfte umgehend in die Schlacht Napoleons gegen Wellington werfen? Den Empfehlungen seiner Offiziere zum Trotz, weigert sich Grouchy, die Brisanz der Lage anzuerkennen und Verantwortung für ein Abweichen vom Plan zu übernehmen. Selbst lauter Kanonendonner kann ihn nicht umstimmen. Allein sein Auftrag, die Preußen zu verfolgen, zählt.

Was ist aus diesen Beispielen abzuleiten? – „Führen mit Auftrag" setzt bei allen Beteiligten ein hohes Maß an Vertrauen voraus und gehört daher nicht in die Kategorie von Managementmethoden, die in Form von Tagesseminaren an den Mann bzw. die Frau gebracht werden können. Vielmehr basiert diese Art der Mitarbeiterführung auf einer Grundhaltung, die z.B. in Artikel 1 des Grundgesetzes der Bundesrepublik Deutschland zum Ausdruck kommt: Die Achtung der Menschenwürde als Ausgangspunkt jedweden Handelns. Soweit die weltliche Sicht. Der Christ erkennt den/die Gegenüber als Ebenbild an und wählt seine Umgangsform mit Bedacht. Beide Sichtweisen – die weltliche ebenso wie die christlich-geprägte – basieren auf der Annahme, dass grundsätzlich jeder Mensch mit bestimmten Kompetenzen und einem individuellen Maß intrinsischer Motivation ausgestattet ist.

---

[42] ZWEIG, Stefan: Sternstunden der Menschheit, Frankfurt, 49./2003, S. 108.

Ihr Menschenbild sollten Sie nicht nur (vor-)leben, sondern auch bei passenden Gelegenheiten kommunizieren. Die Menschen um Sie herum wollen wissen, wer Sie sind – warum es sich lohnt, ausgerechnet Ihnen die besten Ressourcen zu überlassen: (Lebens-) Zeit, Kraft und Ideen.… – eben vollen Einsatz zu zeigen.

Meine Erfahrung: „Ich bin Vorbild in Haltung und Pflichterfüllung [...]"[43] heißt es in den Leitsätzen für Vorgesetzte. Diese persönliche Selbstverpflichtung gibt es aus gutem Grund. Ihrem Wesen nach mögen sie sich noch so sehr als Gleicher unter Gleichen sehen. Das geht allerdings in den meisten Fällen schief. Ihre Stellung ist exponiert, als Führungskraft stehen Sie im Fokus, an Ihnen richtet man sich aus. Ihr Team will wissen, wer sie sind. Deshalb ist das Verständnis von „Vorbild geben" so unglaublich wichtig. Seien Sie authentisch und leben Sie vor. Geben Sie sich nicht damit zufrieden, statt eines Vorbilds lediglich als Beispiel zu fungieren. Und sein Sie sich darüber im Klaren, dass Sie fortan gläsern sind: Ihre verbale und non-verbale Kommunikation samt Stimmungslagen wird von Ihrer Umgebung detailliert aufgenommen.

An dieser Stelle noch ein kleiner aber bedeutender Hinweis: Akzeptieren Sie, dass Sie nicht bei jedem Thema der Beste im Team sind. Obwohl Sie in Einzelfragen oder Sonderfällen durchaus als Spezialist brillieren

---

43 Bundesministerium der Verteidigung: A-2600/1 Zentrale Dienstvorschrift: Innere Führung, Selbstverständnis und Führungskultur, 06.11.2017, Anlagen – 7.1 Leitsätze für Vorgesetzte.

können, werden Ihnen Mitglieder Ihrer Mannschaft an Wissen oder Erfahrung vermutlich in vielerlei Hinsicht voraus sein. Gönnen Sie sich den Luxus, nicht alle Details wissen zu müssen, und setzen Sie auf kompetente Zuarbeit. Ihre Mitarbeiter werden Sie nicht im Stich lassen.

Auf dieser Grundlage kann „Führen mit Auftrag" erfolgreich entstehen. Üblicherweise handelt es sich dabei um einen Entwicklungsprozess, den alle Beteiligten gemeinsam gestalten.

Von Ihnen an der Spitze wird erwartet, mit jeder Aufgabenstellung Ihre Absicht zu artikulieren (siehe oben): Worauf kommt es Ihnen an („meine Absicht ist es, …) – Stichwort „Fahrkarte". Bei der Aufgabenzuweisung sollten sich Ihre Mitarbeiter durchaus gefordert fühlen – allerdings: Überforderung bewirkt das Gegenteil. Behalten Sie den Blick für das Machbare. Als Maßstab für die Zielformulierung mag Ihnen SMART helfen:

S	pezifisch	deutlich formuliert
M	essbar	nach bestimmten Kriterien bewertbar
A	kzeptiert	von Auftraggeber und -nehmer gleichermaßen angenommen
R	ealistisch	hinsichtlich der Anforderung z.B. an Quantität und Qualität erfüllbar
T	erminiert	der Auftragnehmer oder das Team hat zu liefern

„Führen mit Auftrag" setzt voraus, dass der „ausführenden Ebene" die verfügbaren Ressourcen bereitstehen, wie:

- Kräfte → was steht an Personal und Material zur Verfügung;
- Raum → wo ist die Leistung zu erbringen bzw. wo soll sich das Ergebnis auswirken;
- Zeit → bis wann ist die Aufgabe zu erledigen bzw. über welchen Zeitraum ist sie zu erbringen und
- Informationen → welche liegen vor, wo ist bereits bei der Auftragserteilung zusätzlicher Informationsbedarf bekannt.

Dazu das folgende Beispiel: Für den über Albanien befohlenen Marsch deutscher Truppen in das Kosovo am 12. Juni 1999 kannte der verantwortliche Kommandeur, Brigadegeneral Fritz von Korff, seine Kräfte (z.B. Umfang der Mannschaft und Anzahl der Fahrzeuge), den Operationsraum sowie den Zeitrahmen. Die Informationslage dagegen war wenig befriedigend. Nicht einmal ausreichendes, geschweige denn aktualisiertes Kartenmaterial war vorhanden. Auch über die allgemeine Lage war wenig bekannt: Wie würde beispielsweise die Bevölkerung entlang der Marschstraße reagieren…? Dennoch kein unlösbarer Auftrag: von Korff kannte die Absicht, die hinter seinem Auftrag stand, er wusste, worauf es der vorgesetzten Stelle ankam. So konnte er seine Beurteilung der Lage einleiten und einen zweckmäßigen Entschluss für den Marsch treffen. Als charismatischer Vorgesetzter wusste er um die Bedeutung von Auftragstaktik. Den Führern der Marscheinheiten hat er eindeutig erklärt, was er will, wie sein Plan lautet, worauf es ankommt. Bis hin zu den Fahrern der Gefechtsfahrzeuge wusste jeder, welchen Beitrag er zum Gelingen der Operation beizutragen hatte, war jedem die Absicht bekannt und damit eine persönliche „Fahrkarte" (fast im wörtlichen Sinn).

Von Korff hat das Kosovo mit allen Teilen erreicht, den Soldaten wurde ein begeisterter Empfang bereitet. Führungskönnen und Charisma waren Garanten des Erfolgs – dazu eine gehörige Portion Fortune, ohne die es nicht geht.

Dieses Beispiel aus der Welt von Militärs ist vielleicht nicht auf den ersten Blick in das zivile Arbeitsleben zu übertragen. Aber aus der Beratung von zivilen Führungskräften weiß ich, dass diese oftmals Schwierigkeiten bei der Formulierung der eigenen Absicht haben – oder sie wissen nicht, welche Absicht sie umzusetzen haben.

Mit der Auftragserteilung geht für das Projekt oder die spezielle Aufgabe eine Teilverantwortung an den Auftragnehmer über: Erfolg oder Misserfolg liegen jetzt für einen genau definierten Bereich in seinen Händen. Wenn Sie derjenige sind, der Teilverantwortung abgegeben hat, bleiben <u>Sie</u> auch der Gesamtverantwortliche. Angemessene und situationsgerechte Kontrolle im Rahmen des Führungsprozesses ist Ihre Aufgabe: Nicht dauernd überprüfen und u.U. sogar stören, doch den Überblick behalten, sich einen Eindruck vom Fortgang des Projekts verschaffen.

Meine Erfahrung Der Führungsprozess „endet" mit der Kontrolle![44] – Dahinter steckt folgender Gedanke: Für das, was in Ihrem Verantwortungsbereich geschieht, stehen Sie auch gerade. Teilverantwortung ist delegierbar, die Gesamtverantwortung aber nicht.

Die Delegation von Verantwortung setzt Handlungsfreiheit voraus. Gewähren Sie den für eine erfolgreiche Aufgabenbewältigung notwendigen Freiraum. Um in einem Bild zu bleiben: Führen Sie an der „langen Leine", erlauben Sie Entfaltung und das Beschreiten neuer Wege. Sie werden es nicht bereuen.

Ihre Bereitschaft, Handlungsfreiheit zu gewähren, setzt auf der Seite des Auftragnehmers eine entsprechende Bereitschaft voraus und den festen Willen, innerhalb der abgesteckten Grenzen Bestleistungen zu erzielen. Wenn diese Faszination für selbständiges Arbeiten fehlt oder gering ausgeprägt ist, funktioniert der geschilderte Ansatz nicht oder nur mit Mühe. Allerdings lehrt die Erfahrung, dass derartige Menschen lediglich in einer überschaubaren Menge auftreten. Die ganz überwiegende Anzahl ist über persönliche Erfolgserlebnisse zielführend zu begeistern.

Es handelt sich also um einen Prozess, dessen Verlauf und Dauer vom Engagement und von den Kompetenzen aller Beteiligten abhängen. Die Zusammenarbeit muss sich entwickeln (können), Maßstäbe zur Leistungsbewertung entsprechen der Zielformulierung und

---

[44] Genau genommen setzt an dieser Stelle je nach Stand der Arbeiten wieder die Lagefeststellung ein. Mit diesem Merksatz soll aber der Hinweis auf ihre Zuständigkeit zugespitzt werden.

halten Belastungen stand. Doch den Schlüssel zum Erfolg im Rahmen der Auftragstaktik halten Sie in der Hand: Gemeint ist das Vertrauen, die Vertrauensbasis zwischen Ihnen und Ihrer Mannschaft, Ihrer Gruppe oder Ihrem Team. Ohne Vertrauen wird das alles nichts – der gewünschte Erfolg bleibt aus und Sie landen vermutlich recht bald wieder bei der Befehlstaktik. Schenken Sie Vertrauen – ggf. auch als Vorschuss. Beweisen Sie Ihre Vertrauenswürdigkeit bei jeder denkbaren Gelegenheit. Dabei sollten Sie keinen Zwang empfinden, sondern mit Ihrem natürlichen Auftreten Stück für Stück überzeugen. An dieser Stelle sei der Hinweis erlaubt, dass Ihr Bild stimmig sein muss, Sie sollten auch „Vertrauen leben". Wenn Ihr Lebens- und Arbeitsstil hierauf keine positiven Rückschlüsse zulassen, wird man z.B. Empathie und Zuverlässigkeit auch nicht mit Ihnen in Verbindung bringen und diese als aufgesetzt empfinden. Das ist am Ende „tödlich".

Als Ergebnis einer mehr oder weniger langen Beziehung wird oft von „blindem Vertrauen" gesprochen. Es ist nicht anzuweisen, sondern muss wachsen. Als Führungskraft sollten Sie die Bildung einer Vertrauensbasis zu ihrem Herzensanliegen machen. Versetzen Sie sich dabei in ein Team, das gemeinsam für einen Hochsprungwettbewerb trainiert und sich kontinuierlich in der Lattenhöhe steigert. Bringen Sie Ihr Vertrauen z.B. in der Aufgabenformulierung zum Ausdruck. Die reicht vom Arbeiten mit Rückversicherung bis hin zum völlig selbständigen Agieren.

Meine Erfahrung: Wie im privaten Umfeld ist Vertrauen auch gerade im beruflichen Alltag die Grundlage für das Meistern herausfordernder Situationen.

Vertrauen ist keine Einbahnstraße. Auch die Mitglieder Ihrer Mannschaft sollten alles daransetzen, Ihr Vertrauen zu erwerben und auszubauen. Machen Sie diesen Anspruch deutlich. Zeigen Sie Ihre Enttäuschung, wenn ein bisher gewonnener Eindruck Risse bekommt oder Ihre vertrauensbildenden Maßnahmen nicht zum Erfolg führen. Gehen Sie den Ursachen auf den Grund. Ein Mitarbeiter, der offensichtlich kein Interesse daran hat, Ihr Vertrauen zu erwerben, ist vermutlich auf Dauer nicht zu halten. Wenn möglich, setzen Sie ihn in einem anderen Umfeld ein – eine neue Konstellation bewirkt oft Wunder. Falls auch diese Bemühungen nicht fruchten, sollten sich Ihre Wege trennen. Ihr persönliches Kräfte- und Zeitkonto lässt auf Dauer keine Experimente mit unzuverlässigen Kandidaten zu.

Ein belastbares Vertrauensverhältnis bildet die Grundlage für eine angemessene Fehlerkultur. Die brauchen Sie für den Fall, dass etwas schiefgeht oder das Ergebnis so ganz und gar nicht Ihren Erwartungen entspricht. Wenn Ihnen erst der Ruf anhaftet, dass in derartigen Fällen gleich „Köpfe rollen", heißt es für Sie: „Willkommen im Hoffnungslauf!" Ihre Selbsterkenntnis vorausgesetzt, müssen Sie von nun an aufwendig unter Beweis stellen, dass Sie es mit der Gewährung von Handlungsfreiraum ernst meinen. Wer sollte sich ansonsten für Sie engagieren und sich noch trauen?

Meine Empfehlung: Fehler sind erlaubt – allerdings jeder Fehler nur einmal.

Hier nun noch einmal die Merkmale erfolgreicher Auftragstaktik[45] auf einen Blick:

Kennzeichen
Allgemeingültiges Führungsprinzip/Grundhaltung/ Übereinstimmung im Denken und Handeln aller Beteiligten
Eindeutige Absicht mit realistischer Zielsetzung
Bereitstellung Kräfte, Raum, Zeit, Informationen
Delegation von Teilverantwortung, Halten der Gesamtverantwortung
Gewährung von Handlungsfreiheit
Nutzen von Handlungsfreiheit
Aufbau von Vertrauen (vice versa)
Akzeptanz von Fehlern und Lernen daraus (Fehlerkultur)

Abschließend ein nützlicher Hinweis zur Führungskultur in den deutschen Streitkräften: Einen hohen Stellenwert in der Ausbildung militärischer Führungskräfte nimmt die Fähigkeit zum „Mitdenken im Sinne der übergeordneten Führung" ein. Damit ist Folgendes gemeint: Beginnend auf der untersten Ebene – nämlich der des Gruppenführers – bis hin zu den Kandidaten für hohe Truppen- oder Stabsverwendungen wird das Mitdenken auf der nächsthöheren Ebene ausgebildet

---

[45] U. a. entnommen aus: Vorschrift C1-160/0-1001, a.a.O., Kap 6., S. 14 ff.

und drillmäßig geübt. Der Gruppenführer lernt also, im Sinne seines Zugführers mitzudenken, und der zukünftige Brigadekommandeur kann bei Bedarf für seinen Vorgesetzten, den Divisionskommandeur, einspringen. Dieses Vorgehen hat zwei große Vorteile: im Vertretungsfall gibt es immer jemanden, der bei Bedarf einspringen kann, weil die entsprechende Ausbildungshöhe vorliegt. Im Tagesgeschäft wird auf der Mitarbeiterebene eine besondere Art des Mitdenkens gefördert. Dort ist bekannt, worauf es dem Vorgesetzten ankommt. Dazu ein Beispiel aus der zivilen Arbeitswelt: Der Chef eines Beratungsbüros fragt im Rahmen seiner „Kontrolle" (siehe Führungsprozess) zwei der Mitarbeiter nach dem Stand ihrer Arbeiten. Die Antwort ist kaum mehr als ein Schulterzucken verbunden mit dem Zusatz: „Der Kunde hat die notwendigen Grundlagendaten bis heute nicht geliefert." – Eigene Initiative oder Nachforschungen: Fehlanzeige! Zeitverlust für das Projekt, nicht ausgelastete Berater und Unzufriedenheit des Chefs. Ganz offensichtlich fehlte auf der Mitarbeiterebene die Fähigkeit, im Sinne ihres Chefs mitzudenken, selbst aktiv zu werden und den Kunden mit Nachdruck an seine „Lieferzusage" zu erinnern. Dem Chef war es gerade noch rechtzeitig gelungen, größeren Schaden abzuwenden, weil er seiner „Kontrollaufgabe" nachkam.

Meine Erfahrung: Die Fähigkeit zum Mitdenken auf der nächsthöheren Ebene ist maßgeblicher Bestandteil erfolgreicher Führung. Sie setzt entsprechende Ausbildung und den „guten Willen" der Teammitglieder voraus. In diesem Zusammenhang empfehle ich eine persönliche Prüffrage: Wer aus meinem Team ist in der Lage, mich zu ersetzen, wenn ich morgen ausfalle?

Auftragstaktik und Digitalisierung

Die Entwicklung von „Führen mit Auftrag" beginnt zu einer Zeit, die sich nicht nur in technischer Hinsicht grundlegend von der Arbeitswelt im ausgehenden 21. Jahrhundert unterscheidet. Die Abkehr von starren Gefechtsformationen hin zu selbständig kämpfenden Einheiten und Verbänden leitet ein Umdenken ein. Der „Feldherrenhügel", von dem aus der Gefechtsverlauf beobachtet und beeinflusst werden kann, verliert an Bedeutung. Statt zentraler Lenkung „von oben" sind nun die einzelnen Führer dafür verantwortlich, auf ihrer Ebene und in ihrem Verantwortungsbereich das Ziel zu erreichen. Im Grundsatz gilt das bis heute.

Der Vergleich in die zivile Arbeitswelt ergibt ähnliche Bilder: Kleine und große Bürogebäude, in denen fleißige MitarbeiterInnen ihre Arbeitsaufträge abarbeiten, gehören mehr und mehr der Vergangenheit an.[46] Abgelöst werden sie von einer Arbeitswelt, in der Zeiten, Orte und Teamzusammensetzungen flexibel gehandhabt werden (müssen). Besprechungen finden oftmals in Form von Video- oder Telefonkonferenzen statt. Erfahrungen aus der Zeit der Corona-Pandemie in den Jahren 2020/2021 verleihen dieser modernen Form der Zusammenarbeit einen weiteren Schub. Die Möglichkeiten der direkten Einflussnahme sind beschränkt,

---

[46] Siehe hierzu PETRY, Thorsten (Hrsg.): *Digital Leadership*, Freiburg 2016, S. 36.

„Führung auf Distanz" heißt ein Gebot der Stunde. Hinzu kommen Herausforderungen, die in der Literatur unter der Kurzbezeichnung VUCA behandelt werden.[47] Im Einzelnen sind damit gemeint: Häufige Veränderungen, sprunghafte Entwicklungen gepaart mit einer unklaren Situation und u.U. nebulösen Entwicklungen. Hinzu kommen die Vielschichtigkeit von Fragestellungen sowie unsichere Ursache-Wirkung-Beziehungen. Wer es in dieser Zeit nicht schafft, zu eigenständigem Handeln bei möglichst hohem persönlichem Einsatz zu motivieren, wird sich gemessen an den Arbeitsergebnissen mit Mittelmaß zufriedengeben müssen. Wem es dagegen gelingt „mit Auftrag zu führen", wird auf den Erfolg nicht lange warten müssen.

Um nicht missverstanden zu werden: Den persönlichen Kontakt halte ich für essentiell, er ist wo immer möglich zu pflegen. Nur so gelingt es Ihnen auf Dauer, Vertrauen zu bilden und Ihren eigenen Führungsanspruch auch umzusetzen. Andernfalls führen Sie eine Reihe von Einzelkämpfern oder Individualisten – wollen Sie das?

An dieser Stelle ein kurzer Blick auf eine Institution, die sich in den zurückliegenden Jahren eher unbemerkt zu einem modernen „Unternehmen" entwickelt hat. Gemeint ist die Bundesagentur für Arbeit. Tiefgreifende Reformen haben allen Beteiligten hohen Einsatz abverlangt. Der Erfolg ließ nicht lange auf sich warten und reicht bis in die Gegenwart. Der sog. „Führungs-

---

[47] VUCA oder VUKA, Abkürzung für Volatilität, Unsicherheit, Komplexität, Ambiguität.

kompass" gibt einen umfangreichen Einblick in die angestrebte Führungskultur.[48] Darin nimmt die oben beschriebene Methode der Auftragstaktik eine Schlüsselstellung ein. Die Wortwahl stützt sich ab auf militärische Begriffe: „Die Führungskraft erteilt klare Aufträge…"[49] Was darunter zu verstehen ist, wird an anderer Stelle erklärt. Das Führungsprinzip ist akzeptiert und gelebte Praxis.

Eine persönliche Erfahrung zur Auftragstaktik: Mit dieser Art zu führen konnte ich im aktiven Berufsleben Bestleistungen erzielen. Häufig habe ich mich dabei komplett in die Hände einzelner Experten begeben. Als Offizier der Artillerietruppe war mir das Berechnen einer Geschoßflugbahn zum Zweck der Geschützeinstellung vom Grundsatz her bekannt, nicht jedoch die im Gefechtsdienst schnelle und präzise Vorgehensweise. Die beherrschte aber der Feuerleitfeldwebel – und wenn der aus Krankheitsgründen ausfiel – sein Stellvertreter, ein junger Unteroffizier. Der war im Zivilberuf ausgebildeter Maurer. Ihm habe ich bedingungslos vertraut. Damit konnte ich bei diesem jungen Mann ungeahnte Energien freisetzen, der Kamerad wollte seinen Batteriechef nicht enttäuschen. Niemals hat mich jemand in einer derartigen Situation „auflaufen lassen", um wohlmöglich eine persönliche Rechnung zu begleichen. Andererseits wäre es mir ohne Auftragstaktik nicht gelungen, die Talente in meinen unterschiedlichen Teams zu heben.

---

[48] Bundesagentur für Arbeit: Führung in der BA. Handbuch für Führungskräfte, Nürnberg 2014.
[49] a.a.O., S. 22

Strategie und Leadership

In dem vierten großen Themenfeld geht es um die Frage der Strategieentwicklung und -umsetzung sowie Ihren Platz dabei: Wie können Sie auch in schwierigen Zeiten erfolgreich führen – und zwar im Sinne eines Gesamtansatzes bzw. der gültigen Strategie?

Ein kurzer Rückgriff auf die Ausführungen von Carl von Clausewitz erleichtert das Verständnis – auch wenn hier zunächst das Militär im Vordergrund steht. Strategie, so heißt es bei Clausewitz, setzt „[…] dem ganzen kriegerischen Akt ein Ziel, […] entwirft den Kriegsplan […], macht die Entwürfe zu den einzelnen Feldzügen und ordnet in diesen die einzelnen Gefechte an."[50] Und an anderer Stelle wird weiter ausgeführt ist „[…] Taktik die Lehre vom Gebrauch der Streitkräfte im Gefecht, die Strategie die Lehre vom Gebrauch der Gefechte zum Zwecke des Krieges."[51]

Warum ist es wichtig, dass Sie den Unterschied zwischen den hier genannten Handlungsebenen verstehen – selbst wenn Sie keine Uniform tragen?

Die Ausrichtung ihres Handelns und das ihrer Mannschaft folgt (hoffentlich!) einer großen Linie – der festgelegten Strategie. Das Tagesgeschehen fällt in die Rubrik „einzelne Gefechte" und ist in der vorstehenden Prinzipskizze als operatives Geschehen dargestellt. Der Rahmen, in dem Sie sich bewegen, ist nicht statisch und unterliegt (ständigen) Veränderungen – daher die Form des Parallelogramms. Für Sie kommt es darauf an, die strategische Ausrichtung ihres Verantwortungsbereiches nicht aus den Augen zu verlieren oder anders ausgedrückt: Ihren Beitrag zur Umsetzung der Strategie zu leisten. Selbst wenn die Tagesbilanz u.U. einem verlorenen Gefecht gleichkommt, unterliegen Sie nicht der Versuchung, Ihre Strategie infrage zu stellen. Hier hilft auch wieder der Blick über die Schulter des Feldherrn: Ein einzelnes, verlorengegangenes Gefecht oder ein örtlicher unerwarteter Erfolg werden niemals dazu führen, die auf das Kriegsziel ausgerichtete Strategie zu verändern oder anzupassen. Behalten Sie die Nerven, auch wenn Sie „das Steuer in einem bestimmten Augenblick am liebsten rumreißen" würden. Der Feldherr – oder im heutigen Sprachgebrauch

---

[50] CLAUSEWITZ, Carl von: Vom Kriege, Augsburg 1998, S. 148.
[51] CLAUSEWITZ, Carl, S. 84.

der Truppenführer – setzt auch nicht gleich die strategische Reserve, seine freien Kräfte ein, wenn z.B. der Feind am rechten Flügel einen Einbruch in Kompaniestärke erzielt hat.

Konzentrieren Sie sich stattdessen auf die „anstehenden Gefechte" und leiten Sie den Führungsprozess ein – genau so, wie oben dargestellt.

Wenn Sie allerdings an den Punkt kommen, dass eine Weiterentwicklung ihrer Strategie ansteht, sehen Sie sich als die rot dargestellte Person. – Warum im Mittelpunkt? – Weil Sie als Entscheider, Vorgesetzter, Führer und Lenker die Verantwortung tragen. Vergleichbar einem Feldherrn verfolgen Sie die Bewegungen und Veränderungen in Ihrem Verantwortungs- und Interessenbereich. Ihre Überlegungen werden maßgeblich beeinflusst durch

- die unterschiedlichen *Stakeholder*, z.B. Aktionäre, Teilhaber, die geltende Policy im Unternehmen, politische Rahmenbedingungen, Interessenvertretungen, Verbraucher, lokale Gegebenheiten…
- den Faktor *Zeit*: Wieviel steht Ihnen davon für die Strategieentwicklung zur Verfügung? Wie lange soll Ihre Strategie tragen?
- Ihre *Macht*: Wieviel haben Sie davon tatsächlich? Können Sie sich darauf verlassen, dass Ihnen nicht hineingeredet wird?[52] Wie gehen Sie mit Ihrer Macht

---

[52] Sunzi (ca. 500 v.Chr.), der Philosoph und spätere oberste General des Königreiches Wu, ging bei der Frage, wie weit ihm denn sein König Helu hineinreden dürfe, bis an die äußerste Grenze: Er ließ zwei der Lieblingskonkubinen des Königs wegen Ungehorsams köpfen und verwahrte sich gegen jede Einmischung:

um? Wie gestalten Sie den Weg zur Entscheidung für eine Strategie? Wer ist um Sie herum noch als wesentlicher Machtfaktor zu berücksichtigen (einschl. Zeitgeist, Strömungen, Entwicklung der Märkte und Preise, Aufsichtsorgane…)? Wie groß ist das „Machtdispositiv" Ihrer Gegen- und Mitspieler?

– die vorhandenen *Informationen*: Haben Sie alle notwendigen Informationen, wie betreiben Sie z.B. Zukunftsanalyse? Kennen Sie Konstanten und Variablen? Stehen Ihre Überlegungen auf „sicheren Füßen" oder wird man Ihnen unterstellen, in eine Glaskugel geguckt zu haben? Wann ist der richtige Zeitpunkt, die Weiterentwicklung der Strategie einzuleiten? Sie befinden sich mit diesen bisweilen quälenden Gedanken in bester Gesellschaft. Auch der Truppenführer wird um den zweckmäßigen Zeitpunkt seiner Entscheidungen ringen: Einerseits zwingt er sich, nicht auf einzelne Gefechtsentwicklungen zu reagieren, andererseits muss er so rechtzeitig einschreiten, dass er die Initiative behält oder (noch) zurückgewinnt. Wenn Ihnen erst der Ruf des Cunctators, des Zögerlichen, vorausgeht, ist das genauso schädlich wie eine ständige Richtungsänderung.[53]

„Nachdem ich einmal die Ernennung Eurer Majestät zum General der Streitkräfte erhalten habe, gibt es gewisse Befehle Eurer Majestät, die ich… nicht akzeptieren kann." (CLAVELL, J.: Sunzi, Die Kunst des Krieges, März 1998, S. 13).

[53] Um die Kompetenz für das Benennen des zweckmäßigen Zeitpunkts einer Entscheidung zu üben, wird im Rahmen des Taktikunterrichts für junge militärische Führer gern auf folgende Methode zurückgegriffen: Der Dozent verliest ein sog. Lagediktat,

64

- den *Geltungsbereich*: Welchen Raum haben Sie bei der Strategieentwicklung zu berücksichtigen? Für welchen Bereich soll Ihre Strategie gültig sein? Sind interkulturelle Aspekte zu berücksichtigen? - Machen Sie sich frei von territorialen Gegebenheiten oder anders: Blicken Sie über den Zaun. Wo lauert „der Feind", in Ihrem Fall der Konkurrent und Mitbewerber?

- Ihr *Kräftedispositiv*: Wen beziehen Sie in die Strategieentwicklung ein, wen brauchen Sie zur Umsetzung? Wie groß sind interne und externe Kräfte, die sich Ihrer Strategieentwicklung und -umsetzung entgegenstellen könnten? Wen können Sie als Multiplikator einsetzen?

- und schließlich Ihre *Ziele*: Welche sind Ihnen vorgegeben bzw. welche wollen sie selbst erreichen? Wo sind Grenzen?

Leadership - aus der Praxis

Sie haben es vermutlich längst bemerkt: Ein gut gefüllter Methodenkoffer ist wichtig, aber noch kein Garant für erfolgreiches Führungskönnen. Daher finden Sie im Folgenden einige, mitunter sehr persönliche Anmerkungen. Es geht darum, Bewährtes zu teilen. Wo Sie nicht teilen mögen, entdecken Sie vielleicht den

---

d.h. er schildert die Entwicklung auf dem Gefechtsfeld. Jeder Lehrgangsteilnehmer muss für sich entscheiden, wann er dem Diktat nicht mehr länger zuhört und den Führungsprozess einleitet. In diesem Fall wird von einer „grundlegenden Lageänderung" im Gegensatz zu einer „Lageentwicklung" gesprochen.

passenden Gedanken, um Ihr eigenes Profil zu schärfen bzw. weiterzuentwickeln.

Führen Sie sich selbst!

… denn dort hat ihr Führungshandeln seinen Ursprung. Der Psychologe Christian Warneke empfiehlt für das Sich-Selbst-Führen ein dreistufiges Vorgehen, indem er sagt: Führung fängt bei mir selbst an – ich muss mich selbst erkennen: Wer bin ich, wie möchte ich gesehen werden, worauf gründe ich meinen Führungsanspruch/meine Autorität? Wie würden mich wohl meine Teammitglieder beschreiben?[54]

Der zweite Schritt beinhaltet, sich selbst zu akzeptieren – samt Stärken und Schwächen. Das heißt auch, klar zu erfassen, was noch zu ändern ist und wo das eher nicht möglich erscheint. Das offene Feedback der Mitmenschen kann in diesem Zusammenhang ebenso hilfreich sein, wie eine ehrliche Selbstreflexion (z.B. im Tagesrückblick oder im Gebet).

Und schließlich die Erkenntnis: Führung fängt bei mir selbst an – um mit Worten von Stefan Zweig zu sprechen: „Wer einmal sich selbst gefunden hat, kann nichts auf dieser Welt verlieren. Und wer einmal den Menschen in sich begriffen hat, der begreift alle Menschen."[55]

Aus persönlicher Erfahrung: Wir brauchen Menschen, die uns den Spiegel vorhalten. So hat mich als junger Offizier ein Militärpfarrer an die Seite genommen und

[54] WARNEKE, Christian: Vortrag beim Unternehmensverband Kiel am 19.02.2020.
[55] ZWEIG, Stefan: Phantastische Nacht, Ausg. 1963, S. 76

meinen Umgangston infrage gestellt. Ganz offensichtlich waren ihm aus meinem Zug Klagen zu Ohren gekommen. Natürlich tat das zunächst weh, denn auch mich trieb der Wille, von meinen Soldaten geschätzt zu werden. Aber über den Tag hinaus hat mich dieser Hinweis mein ganzes Berufsleben als Messlatte für das eigene Auftreten gegenüber Untergebenen begleitet: So etwas sollte mir nicht noch einmal passieren.[55]

Kommen Sie ins Gespräch!

… und haben Sie ein offenes Herz für die Menschen, die Ihnen anvertraut und wichtig sind. - Was wissen Sie von Ihren Mitarbeitern? Wann haben Sie Ihre Mitarbeiterin das letzte Mal gefragt, wie es ihr geht? Gemeint ist nicht die rhetorische Frage – heute oft verkürzt auf den Hinweis „Alles gut?". Wenn Sie nach dem Befinden fragen, nehmen Sie sich Zeit für die Antwort oder vereinbaren Sie einen Gesprächstermin, der beiden passt. Hilfreich kann es sein, sich dabei z.B. an einem Tisch bzw. in einer lockeren Gruppierung gegenüber zu sitzen. Das Schreibtischsetting ist dafür grundsätzlich ungeeignet, weil ein breiter Tisch einer Barriere zwischen den Gesprächspartnern gleicht. Zudem sendet dieses Möbelstück – ob gewollt oder nicht – auch immer eine Botschaft zur Frage „wer steht wo" in der Hierarchie.

Am Schreibtisch bin ich im Zweiergespräch grundsätzlich nur dann sitzengeblieben, wenn das Gespräch auf

---

[56] Der Militärpfarrer wurde mit den Jahren ein sehr enger Freund.

einer lange bewährten Vertrauensbasis stattfand oder lediglich administrative Arbeiten zu erledigen waren.

Meine Empfehlung: Lassen Sie niemals(!) einen Mitarbeiter oder eine Mitarbeiterin vor dem Schreibtisch stehen, wenn Sie dahinter Platz genommen haben. Kommunizieren Sie stets auf Augenhöhe.

Machen Sie sich zur Aufgabe, regelmäßig Mitarbeitergespräche zu führen. Sofern nicht vorgegeben, bestimmen Sie die Häufigkeit. Entscheidend ist die Intention: Die Mitglieder Ihres Teams wollen wissen, ob Sie mit der erbrachten Leistung zufrieden sind, wo Sie Steigerungspotential sehen und welche Maßnahmen Sie ggf. zur Erreichung anbieten (eine Schulung, einen Lehrgang, ein „Training on the Job" unter Anleitung eines erfahrenen Kollegen…). Grundsätzlich vergeben Sie sich nichts, Ihre Gegenüber nach der Zufriedenheit mit den Arbeitsbedingungen und Ihrer Führungsleistung zu fragen. Nutzen Sie dabei eine Wortwahl, die ohne Erklärungen auskommt, fragen Sie ohne Umschweife. Empfehlenswert ist ein stichwortartiges Gesprächsprotokoll im Sinne einer Ergebnissicherung. Damit schaffen Sie beste Voraussetzungen für das nächste Gespräch. Vielleicht gehen Sie auch gegenseitige Verpflichtungen ein (im Sinne von: zukünftig…) – dann sollten Sie die ebenfalls notieren. Die Protokollierung des Gesprächs und die Festlegung von Leistungszielen ist u.U. auch in einer bestimmten Form vorgeschrieben. Dann entfällt der Hinweis auf persönliche Notizen.

Je nach Größe und Profil des Teams sind Feedback-Runden ein probates Mittel, die Zusammenarbeit zu optimieren. Wählen Sie dafür einen passenden Rahmen. Ihr Besprechungsraum wird sich vermutlich nur bedingt eignen. Ein räumlicher Schnitt zum Arbeitsalltag ist auch aus klimatischen Gründen hilfreich: Wo gewöhnlich Dienstbesprechungen o.ä. stattfinden, kommt nur schwer eine offene Gesprächsatmosphäre auf. Bereits aus der Einladung sollte auch der Zeitrahmen hervorgehen und so jedem Teilnehmer von vornherein bekannt sein. Nach dem offiziellen Ende kann sich ein „geselliger/gemütlicher" Teil anschließen, der ebenfalls zeitlich festgelegt sein sollte und dem Gemeinsinn dient.

Wichtig ist: Grundlage dieser Art gegenseitigen Feedbacks ist absolute Vertraulichkeit. Was in dieser Runde besprochen wird, bleibt in eben diesen vier Wänden bzw. den Köpfen der Anwesenden. Das gilt auch für Sachthemen wie z.B. Überlegungen zur Weiterentwicklung der Organisation/des Unternehmens. Kommen Zuwiderhandlungen vor, sollten Sie die benennen und beherzt eingreifen. – Entscheiden Sie themenbezogen, ob Sie die Runde moderieren oder eine andere Person. Wenn Sie sich für eine Unterstützung entscheiden, haben Sie „den Kopf frei" und können sich ausschließlich auf die Inhalte konzentrieren. Vielleicht sollen auch Stichworte für alle sichtbar festgehalten werden? Wer führt die Liste der Wortmeldungen und achtet auf ein ausgewogenes Verhältnis der Redebeiträge? Ich habe gute Erfahrung damit gemacht, bei der Vorbereitung beide Möglichkeiten gegeneinander abzuwägen und mich dabei beraten zu lassen.

Erfahren Sie was läuft!

In der Bundeswehr wird in diesem Zusammenhang von Dienstaufsicht gesprochen. Sie gehört zum Pflichtenkatalog eines jeden Vorgesetzten. Je öfter es Ihnen gelingt, Ihren Mitarbeitern „über die Schulter zu gucken" oder sich zum aktuellen Stand der Arbeiten zu erkundigen, desto geringer werden Sie als Störenfried wahrgenommen. Die Aufgeregtheit wird abnehmen, Ihre Anwesenheit gerät zur Normalität. Hinweise bringen Sie nur dort an, wo Sicherheitsvorschriften missachtet werden oder aber ein Prozess in die absehbar falsche Richtung läuft. In diesem Zusammenhang sollten Sie prüfen, ob Ihre Absicht u.U. unzureichend oder missverständlich formuliert war. Mitunter ist es ratsam, für eine begrenzte Zeit im Team mitzuarbeiten. Teilen Sie z.B. körperliche Anstrengungen, greifen Sie dort zu, wo eine zusätzliche Hand sinnvoll ist. Sie ernten nicht nur Anerkennung, sondern können zukünftig auch „mitreden".

Dienstaufsicht ist fester Bestandteil Ihrer Gesamtverantwortung. Zeitpunkt und Umfang bestimmen Sie – in diesem Zusammenhang ist Ihr Führungskönnen gefragt. Wenn Sie ständig „stören", behindern Sie die Arbeit im Projekt. Lange Phasen ohne Dienstaufsicht werden Ihnen schlimmstenfalls als Desinteresse ausgelegt. Die Erfahrung zeigt, dass sich Gruppen ohne Aufmerksamkeit verselbständigen. Ein markantes Beispiel ist der Skandal um die sog. „Schädelfotos" im Jahr 2004: Deutsche Soldaten finden während ihres Afghanistaneinsatzes in der Nähe von Kabul ein Gräberfeld – vermutlich sterbliche Überreste russischer Soldaten. Mit Schädeln und Knochen posieren sie für die eigene

Fotosammlung. Die Phantasie hat freien Lauf, die Bilder werden in deutschen Medien veröffentlicht. Das Entsetzen ist entsprechend groß. Das augenscheinlich abwegige Verhalten von Soldaten, die sich selbst überlassen sind, ist wissenschaftlich zu erklären, zu entschuldigen dagegen nicht. Letztlich haben in diesem Beispiel alle Regulative versagt – an erster Stelle die Dienstaufsicht. Aufmerksame Vorgesetzte hätten rechtzeitig einschreiten und die Auswüchse unterbinden müssen.

Mir kommt es aber noch auf einen weiteren Aspekt der wohlverstandenen Dienstaufsicht an. Mit zunehmender Erfahrung sind Sie hoffentlich auch derjenige mit dem notwendigen Überblick. Sie müssen grundsätzlich nicht jedes Detail kennen, aber das Gesamtbild. Sie sollten in der Lage sein, die richtigen Fragen zu stellen. Ein Klassiker für unzureichende Dienstaufsicht findet sich bei Stefan Zweig und seiner Schilderung über die Eroberung von Byzanz am 29. Mai 1453.[57] Seit Wochen schon tobt der Kampf um die Stadt – die Verteidiger wehren sich mit ganzer Kraft. Die Wehranlagen halten – und schließlich ist es eine kleine Fußgängerpforte der inneren Stadtmauer, die unverschlossen geblieben ist und einem gegnerischen Trupp ungehindert Zugang verschafft – der Anfang vom Ende. „[…] hat man in der Aufregung der vergangenen Nacht offenbar ihre Existenz vergessen […] Ein Staubkorn Zufall, Kerkaporta, die vergessene Tür, hat Weltgeschichte entschieden.“[58]

---

[57] ZWEIG, Stefan, a.a.O, S. 36 ff.
[58] a.a.O., S. 62 f.

Handeln Sie Ebenen gerecht!

Ihr Unternehmen bzw. Ihr Verantwortungsbereich erfordert ganzen Einsatz. Um die Fehlerhäufigkeit bzw. Störungen im Betriebsablauf zu minimieren, haben Sie die augenscheinlich gute Idee, auf der Arbeits-/Durchführungsebene ständig als Teamleiter mitzuarbeiten. Hüten Sie sich davor, Ihre Kräfte an dieser Stelle aufzubrauchen. Wenn Sie Ihr bester Maschinist sind, müssen zuvor Fehler bei der Personalauswahl erfolgt sein. Leiten Sie stattdessen an, nehmen Sie Ihre Kontrollaufgabe wahr und erhalten Sie sich Ihre Handlungsfreiheit – z.B. für übergeordnete Aufgaben.[59]

Nutzen Sie Lob und Tadel!

Vermutlich liegt es im Wesen der meisten Menschen, eher zu kritisieren als zu loben. „Nix gschwätzt isch gnuag globt", lautet ein schwäbisches Sprichwort – mit weit darüber hinaus reichender Gültigkeit. Nehmen Sie sich in die Pflicht. Mängel sprechen Sie gegenüber der betreffenden Person in der gebotenen Weise an, aber auch gute Leistungen sollen hervorgehoben werden: Im Zwiegespräch, in der Teambesprechung oder gegenüber anderen. Häufig entfaltet ein Lob, das über Dritte transportiert wird, enorme Wirkung. Die Freude über die Anerkennung der eigenen Leistung ist allen Menschen gleich. Nehmen Sie selbst die kleinen aber

---

[59] „Ich schicke Ihnen meinen besten Mann, ich komme selbst!" – Wenn das Ihrer Grundhaltung entspricht, sollten Sie sich in die Hände eines externen Beraters begeben.

wesentlichen Annehmlichkeiten – wie z.B. einen sauberen Schreibtisch – zum Anlass für ein Lob oder einen Dank an die Reinigungskraft.

Der Tadel fordert Ihnen besondere Disziplin und Umsicht ab: Hüten Sie sich vor Zurechtweisungen im Affekt. Mit großer Wahrscheinlichkeit werden Sie Worte wählen, die Sie später bereuen oder die Sie gar angreifbar machen. Gönnen Sie sich mehrmaliges Durchatmen. Wenn möglich, suchen Sie erst nach Ablauf einer Nacht das Gespräch. Dann sind Sie auf jeden Fall „Herr des Verfahrens". Im Disziplinarrecht der Bundeswehr dürfen Dienstvergehen u.ä. nicht am Tag des Bekanntwerdens geahndet werden, sondern erst nach Ablauf einer Nacht. Das gilt im Übrigen auch für den Beschwerdefall: Ein Soldat, der sich ungerecht behandelt fühlt, darf seine Beschwerde erst am Folgetag schriftlich oder mündlich vorbringen.

Vermeiden Sie zudem, Ihr Missfallen über das Verhalten eines oder mehrerer MitarbeiterInnen öffentlich anzusprechen – im Sinne von „an den Pranger zu stellen". Wählen Sie stattdessen den Kreis der Betroffenen, stellen Sie niemanden bloß. Dem Teamleiter, der vor seinen Mitarbeitern gemaßregelt wird, entziehen Sie u.U. die Autorität und schaden sich selbst damit am meisten.

Bedenken Sie bei der Wahl Ihrer Methode, dass es auf keinen Fall zu einer Solidarisierung mit dem „Übeltäter" kommt. Selbst wenn ganz offensichtlich ein Mangel vorliegt, den nicht nur Sie als gravierend einordnen, wird öffentliche Kritik viele Anwesende motivieren, sich dem Verursacher anzuschließen. Mitarbeiter, die bis dahin noch Ihrer Auffassung zuneigten, wenden sich sichtbar oder unsichtbar ab und stützen „das Opfer". Diese Art der Solidarisierung lösen Sie anschließend nur mühsam wieder auf.

Sein Sie konsequent!

Wenn Sie sich entschieden haben, einen Mitarbeiter „in die Schranken zu weisen", sollten Sie den eingeschlagenen Weg bis zum Ende durchhalten. Handeln Sie auch dann souverän, wenn Ihre Geduld bereits erheblich strapaziert wurde. Prüfen Sie, wessen Rat einzuholen ist und wer ggf. beteiligt werden muss. Eine schriftliche Verwarnung mit Formfehlern hat vor Gericht keinen Bestand. Ebenso kann gegen Sie ausgelegt werden, wenn Verfahrensvorschriften (z.B. Beteiligung der Personalvertretung oder des Betriebsrats) nicht eingehalten werden. Unternehmen Sie alles, um am Ende auch Ihr Ziel zu erreichen. Lassen Sie bei der Wahl ihrer Mittel Augenmaß walten. Oftmals bewährt es sich auch, bereits frühzeitig juristischen Sachverstand einzuholen.

In jedem Fall gilt der dringende Appell: Drohe nichts an, was Du nicht auch bereit bist umzusetzen!

Sie sind der Chef!

Ihr Führungsstil, der Umgangston im Team, die Gestaltung gemeinsamer Pausen... viele Anzeichen machen deutlich, dass Sie für Kooperation stehen. Vielleicht haben Sie sogar ein kollegiales „Du" eingeführt und können sich eine Rückkehr zum „Sie" kaum vorstellen. Oder Ihre Organisation gehört zu denen, die komplett auf das „Sie" verzichten. Und dennoch kommen Sie nicht aus der Rolle dessen, der an der Spitze steht. Sie tragen die Verantwortung für Erfolg und Misserfolg. Bekanntlich hat der Erfolg viele Väter. Wenn es hingegen nicht gut läuft, sind Sie gefragt. Um diesen Hinweis zu unterstreichen, ein Beispiel aus dem militärischen Alltag: In den Führungsvorschriften des Heeres wird an zahlreichen Stellen darauf hingewiesen, dass Führer die notwendigen Entscheidungen treffen. Führungsverantwortung ist unteilbar. Dieser Grundsatz gilt uneingeschränkt. An der Vorbereitung einer Entscheidung haben u.U. zahlreiche Mitarbeiter ihren Anteil, den Entschluss trifft stets eine Einzelperson bzw. treffen Sie.

Sie taugen selbst dann nicht als „Kumpel", wenn Sie auf hierarchiefreie Arbeitsbedingungen stehen. Ihr Umgangston mag locker, Ihr Auftreten frei von egozentrischen Zügen sein. Dennoch nehmen Sie eine Sonderposition ein. Auch wenn Sie es strikt von sich weisen, wird allein durch Ihre Anwesenheit das Verhalten im Team, in der Gruppe maßgeblich beeinflusst. Das gilt für Auftreten, Benehmen, Themenwahl... Vielleicht beschleicht Sie mitunter das Gefühl einer gewissen Einsamkeit. Damit gehören Sie zu einer Gruppe von Persönlichkeiten, die allesamt Verantwortung tragen.

Meine Erfahrung: Führer sind einsam! Dieser Grundsatz gilt ebenfalls für Sie, auch wenn der Ausprägungsgrad der gefühlten Einsamkeit unterschiedlich sein mag.

Letzter Hinweis: Wenn einer Ihrer Teamleiter den Vorschlag zur Problemlösung einleitet mit den Worten: „Wir haben entschieden…" ist Vorsicht geboten. Nehmen Sie ihn in die Pflicht, zwingen Sie ihn zum Ich und die Verantwortung zu übernehmen (siehe oben).

Fühlen Sie sich beobachtet!

Selbst wenn Sie sich zu den Menschen zählen, die wenig von sich preisgeben und nicht auffallen, stehen Sie im Fokus. Persönliche Eigenarten, Auftreten, Lebensstil… tragen zu dem Gesamtbild bei, das man sich in Ihrer Umgebung von Ihnen macht. Wenn Sie von sich behaupten, auf Äußerlichkeiten keinen Wert zu legen und eher unauffällig daherzukommen, arbeiten Sie dennoch an eben diesem Image. Gerade in (wirtschaftlich) schwierigen Zeiten oder Phasen mit besonderen Herausforderungen stehen Sie im Mittelpunkt. Das erfahren insbesondere militärische Führer im Einsatz. Sie leben zusammen mit ihrer Mannschaft auf engem Raum, nutzen dieselben Bereiche für Körperpflege und Einnahme der Mahlzeiten. Recht schnell entsteht ein Gesamtbild, zu dem sie maßgeblich beitragen. Mitunter werden jede Reaktion, jede Äußerung sowie eine ernste Miene auf die Goldwaage gelegt und interpretiert. Diese Gemengelage kann den Nährboden für eine Gerüchteküche bilden, an der Sie kein Interesse haben. Dem begegnen Sie am besten durch Ihr offenes Informations- und Kommunikationsverhalten, zu dem auch die Nutzung von Multiplikatoren (informelle Führer, Mitarbeitervertretung) gehört.

Gläsern sind Sie auch mit Blick auf Ihr Privatleben. Die Anzahl der öffentlich zugänglichen Hinweise können Sie beeinflussen, ganz auszuschalten sind die nicht (mehr).

Meine Empfehlung: Richten Sie auch Ihr Privatleben auf das Bild aus, das Ihre MitarbeiterInnen von Ihnen haben sollen.[60]

Wählen Sie Ihre Worte mit Bedacht!

Vermutlich zeichnen Sie sich auch dadurch aus, dass Ihnen elitäres oder arrogantes Auftreten fremd sind. Ihre Sprache ist verständlich, Fremdworte oder gar komplizierte Satzkonstruktionen gebrauchen Sie nur gegenüber Personen, bei denen eine entsprechende Auffassungsgabe vorausgesetzt werden kann. Soweit – so gut. Dem ist nichts hinzuzufügen.

Auf jeden Fall sollten Sie vermeiden, Ihre Sprache in einer Weise zu verändern, die nicht zu Ihnen passt. Sein Sie authentisch. Niemand erwartet von Ihnen, dass Sie mit dem Auszubildenden in der Wortwahl eines 20-jährigen kommunizieren. Im Gegenteil: Bleiben

---

[60] In die Rubrik Privatleben fällt auch das Verhalten bei Gemeinschaftsveranstaltungen wie Betriebsfeiern o.ä. Wer sich als Führungskraft dort „danebenbenimmt", wird am Morgen danach mit dem Verlust von Führungsautorität gestraft.

Sie sich treu! Der Versuch, es dennoch zu tun, ist zum Scheitern verurteilt und kostet Sie Wertschätzung im Mitarbeiterkreis.

Worauf Sie sehr wohl drängen können, ist die Vermeidung von Worthülsen. Als besonders beliebt haben sich herausgestellt „sag ich mal", „wie gesagt", „halt" oder „genau". Wenn Sie merken, dass Ihr Gegenüber viel redet, ohne jedoch das Notwendige zu sagen, filtern Sie zunächst diese Füllwörter heraus. Vielleicht erhalten Sie so erste Informationen. Korrekturhinweise sollten stets in höflicher, nicht belehrender oder gar verletzender Form erfolgen.

Informieren Sie!

Mit rechtzeitiger und zielgerichteter Information stellen Sie sicher, dass sich Ihre Mannschaft mitgenommen weiß. „Informationen über wesentliche Dienstbelange… sind notwendiger Bestandteil von Führung."[61] Dieser Hinweis aus der Welt der Uniformträger gilt für alle anderen Bereiche gleichermaßen und ist 1:1 übertragbar. Nur wenn Ihre Mitarbeiter über alle relevanten Informationen verfügen, haben Sie die Chance, in Ihrem Sinne zu handeln. Wenn tatsächlich einmal etwas daneben geht, prüfen Sie zunächst einmal den vorhandenen Informationsstand.

Zwei Hinweise erscheinen in diesem Zusammenhang noch wichtig:

---

[61] Zentrale Dienstvorschrift 10/1 - Innere Führung, Ausgabe 2008, Nr. 613.

1. Entscheiden Sie sich für bestimmte Informationswege und -formate. Greifen Sie auf Bewährtes zurück und gehen Sie bei Bedarf neue Wege. Standardisierte Verfahren erhöhen den sparsamen Umgang mit der Zeit aller Beteiligten und erhöhen den Wiedererkennungswert (Mails). Wenn mehrheitlich elektronische Formate zur Anwendung kommen, stellen Sie ergänzend eine angemessene Anzahl persönlicher Kontakte sicher.

2. Bereiten Sie die Informationen zielgruppengerecht auf. Was damit gemeint ist, lässt sich am deutlichsten mit einem Beispiel aus dem militärischen Alltag zeigen. Dort kommt es immer wieder vor, dass eine Information zur Feindlage, die in höheren Stäben erstellt wurde, ungefiltert bis zum letzten Schützen „durchgereicht" wird. Das überfordert nicht nur den Empfänger, sondern führt am Ende vielleicht sogar zu Verlusten, weil die tatsächlich notwendigen Informationen untergegangen sind. Den zur Sicherung seiner Gruppe eingesetzten Soldaten interessieren die strategischen Überlegungen des Feindes nicht – ja er wird sie vermutlich gar nicht verstehen.

Meine Erfahrung: Die nach Zeitpunkt und Inhalt angemessene Information der Mitarbeiter ist eine Bringschuld.

Pflegen Sie Ihren eigenen Stil!

Auf diesem Themenfeld ist es mit Ratschlägen so eine Sache. Bei den nachfolgenden Ausführungen handelt es sich um Hinweise, die in besonderem Maße eine persönliche Bewertung durch den Leser erfordern.

Der erste Eindruck zählt – und der beginnt meist bei „Guten Tag!". Allerdings nur, sofern Sie sich zu dieser oder einer anderen, der Tageszeit angepassten Begrüßungsform entscheiden. Häufig gebräuchlich ist ein freundliches „Hallo" – vielleicht sogar noch lässig unterstrichen durch mindestens eine Hand in der Hosentasche. „Der ‚Hallo'-Grüßer ist die verkörperte lässige Unverbindlichkeit. Mit ‚Hallo'-Begrüßte können ohne weiteres wieder unbeachtet stehen gelassen werden. Man hat allmählich das Gefühl, das soziale Modell der menschlichen Begegnungen solle das Verhalten der Hunde bei Treffen im Park sein, sofern sie sich nicht ankläffen und übereinander herfallen. Dann nähern sich die Hunde einander, sehen sich an, schnüffeln ein bißchen aneinander, aber ohne gesteigertes Interesse, nur informationshalber, und wenden sich dann grußlos voneinander ab. Könnten sie sprechen, hätten sie zu Anfang ein gleichgültiges ‘Hallo' gesagt."[62] In diesen Zusammenhang gehört auch die Frage, wann und wie Sie Ihrem Gegenüber die Hand reichen. Wie halten Sie es bei größeren Gruppen? Aus der eigenen Erfahrung: Bewährt hat sich ein kräftiger Händedruck, der gleichwohl Verletzungen an eben der gereichten Hand ausschließt. Auf jeden Fall sollte Ihr Händedruck keinen „Griff ins Leere" verkörpern. Die erste Begegnung des Tages verdient grundsätzlich die Würdigung durch eine

---

[62] ASSERATE, Asfa-Wossen: Manieren, München 2009, 4. Aufl., S. 217.

angemessene Begrüßung – dazu sollte nach Möglichkeit Ihre Hand gehören.[63] Verbleibt die ungenutzte Hand dabei in der Hosen- oder Manteltasche, machen Sie durch eine grobe Unhöflichkeit auf sich aufmerksam.

Das Tragen von Krawatten wird seltener – ursprünglich gedacht als Hinweis, ein Treffen als informell oder Arbeitssitzung einzuordnen. Es wird gegenwärtig selbst bei hochkarätigen Terminen auf diesen Ausdruck gegenseitiger Wertschätzung verzichtet. Sie entscheiden selbst. Den Einstieg ins Legere auf weltpolitischer Ebene bereitete der iranische Präsident Mahmud Ahmadinedschad vor. Der britische Premierminister Tony Blair, so wird berichtet, leitete seine Kabinettssitzungen ab Mitte der 90er Jahre häufig ohne Krawatte.[64]

Ein letzter Hinweis in dieser Rubrik: Sie gelten erfolgreich und fachlich kompetent. Unterstreichen Sie diesen Eindruck durch die „kleinen Dinge des Lebens": Sie kennen sich aus mit der richtigen Reihenfolge der Bestecke bei Tisch, wissen Messer und Gabel als sichtbare Argumentationshilfen zu vermeiden und sorgen auch für ein ansprechendes Outfit. Gemein ist diesen Hinweisen, dass Sie nichts über Ihre fachlichen Kompetenzen, noch über Ihren Charakter aussagen. Dennoch kann ich nur empfehlen, sich an allgemein anerkannte Vorgaben zu halten.

---

[63] Dieser Hinweis ist dann hinfällig, wenn aktuelle und allgemeingültige Auflagen ausdrücklich auf die Vermeidung von Körperkontakten hinweisen.
[64] SCHÖNBURG, Alexander von: Die Kunst des lässigen Anstands, München 2018, 2. Aufl., S. 291.

Folgendes Image sollte nicht für Sie gelten: Jeder ist zu etwas gut – und sei es als abschreckendes Beispiel.

Greifen Sie zum Stift!

Vor die Wahl gestellt, ist vielleicht eine Tastatur das von Ihnen favorisierte Schreibgerät. – Zu schönen oder aber traurigen Anlässen erfreut sich persönliche Anteilnahme jedoch noch immer großer Wertschätzung. Bewährt hat sich eine rechtzeitige Vorbereitung auf „derartige Herausforderungen". Dazu zähle ich die Beschaffung eines guten Stiftes bzw. Füllfederhalters sowie das entsprechende Briefpapier. Anstelle von Kondolenzpapier ist auch ein schlicht-weißer Bogen erlaubt. Umschläge sollten über ein Seidenfutter verfügen. Wenn derartiger Schriftverkehr nicht zu Ihren Routineaufgaben gehört, stellt sich oftmals die Frage nach Anrede und Schlussformel. Ratschläge hierzu sind in zahlreicher Form via Internet verfügbar. Zudem hilft meist das eigene „Bauchgefühl". Darauf ist allerdings nur bedingt Verlass, wenn die Adressaten besondere Ämter innehaben oder einen Titel tragen. In diesem Fall geht Genauigkeit vor Schnelligkeit.[65]

Für Leser aus dem militärischen Bereich noch ein Hinweis: Die Schlussformel „Mit kameradschaftlichen Grüßen" gehört in den Bereich des „no go" – auf keinen Fall. Das Glückwunschschreiben an einen ehema-

---

[65] Als besonders hilfreich erweist sich in diesem Zusammenhang das folgende Nachschlagewerk: REDEKER, Ricarda u.a.: Die korrekte Anrede im öffentlichen Leben, Köln 5. Auflage 2012.

ligen Untergebenen mag durchaus mit „In kameradschaftlicher Verbundenheit" enden, nicht aber der Vorstellungsbrief an einen Vorgesetzten bzw. Dienstgradhöheren. Hier empfiehlt sich der Rückgriff auf die üblichen offiziellen Formeln.

Unabhängig vom beruflichen Umfeld gilt: Wenn eine private Einladung in schriftlicher Form ergeht, sollte auf entsprechende Weise geantwortet werden. Die Nutzung elektronischer Medien ist in derartigen Fällen nur in Ausnahmefällen angeraten.

Nach der Einladung oder Veranstaltung erfreut ein kurzer Dank die Gastgeber bzw. Verantwortlichen.

Bereiten Sie sich vor!

Als Profi haben Sie eine genaue Vorstellung davon, wie Sie sich auf wichtige Termine inhaltlich vorbereiten. An dieser Stelle lege ich aber den Schwerpunkt auf Sie persönlich: Ihr Körper hat punktgenau zu liefern im Sinne von Durchhaltevermögen, guten Ideen und geistiger Brillanz. Neben ausreichend Schlaf und angemessener Verpflegung achten Sie vor allem auf genügend Flüssigkeit. Kaffee zähle ich nicht zu den als Tagespensum empfohlenen 1,5-2 Litern!

Je nach Witterung und persönlicher Kondition rechnen Sie damit, dass Sie während eines Termins „so richtig ins Schwitzen kommen". Peinlich wird es, wenn Sie um ein Papiertaschentuch bitten müssen oder hastig nach einer Serviette greifen. Ein aufgefaltetes Stofftaschentuch in der Hosentasche sorgt für die nötige Sicherheit.

Mag sein, dass Ihnen die Anspannung ins Gesicht geschrieben steht oder Sie doch mit einem Schlafdefizit zu kämpfen haben. Beim morgendlichen Blick in den Spiegel kommt Ihnen kein Lächeln in den Sinn. Schaffen Sie unmittelbar vor Ihrem Termin Abhilfe mit einem bewährten Hausmittel. Dazu nehmen Sie einen Stift quer zwischen die Zähne und entkrampfen so die entscheidenden Muskelpartien. Der erneute Blick in den Spiegel wird Ihnen ein Lächeln abringen. Dann lachen Sie sich an. Tragen Sie diese Stimmungslage über den Tag. Eine ähnliche Wirkung erzielen Sie mit lautem Lachen – eben noch bevor Sie sich in die Öffentlichkeit begeben.

Bleiben Sie in Bewegung!

„Ich kann nur im Gehen denken; sobald ich stehen bleibe, denke ich nicht mehr, mein Kopf arbeitet nur mit den Füßen gleichzeitig."[66] Diese Jean-Jaques Rousseau zugeschriebene Feststellung ist inzwischen auch wissenschaftlich untermauert. Der physische Vorgang des Gehens entspricht dem physischen Vorgang im Hirn. Das körperliche Erschließen neuer Räume geht mit geistiger Kreativität einher. Gönnen Sie Ihrem Körper die nötige Bewegung.

Fehlende Zeit, mit der Sie mangelnde sportliche Aktivitäten rechtfertigen, sollten Sie sich selbst nicht durchgehen lassen. Niemals kämen Sie auf die Idee, bei fast

---

[66] Zitiert nach www.aphorismen.de/zitat/211903 vom 10.05.2021.

leerem Tank aus Zeitgründen an der nächsten Tankstelle vorbeizufahren. Ihr Körper hat es erst recht nicht verdient, vernachlässigt zu werden.

Für Soldaten sieht das Soldatengesetz die Pflicht zur Gesunderhaltung vor.[67] Ein weitgefasster Begriff, hinter dem aber die eindeutige Absicht des Dienstherrn steht, die Leistungsfähigkeit auf lange Sicht zu erhalten. Das kann auf zivile Bereiche ebenfalls zutreffen – haben Sie Ihre eigene Gesundheit und die der Ihnen anvertrauten Menschen im Blick. Ausfallzeiten oder Totalausfälle Ihrer Leistungsträger sind meist schwerer zu verkraften als kontinuierliche Maßnahmen der Fürsorge.

Meine Erfahrung: Kümmern lohnt sich in mehrfacher Hinsicht: Die Fehlzeiten in Ihrem Team werden Ihren Ansatz bestätigen. Und Ihr Vorgehen sendet die Botschaft: „Ich bin dem nicht egal!"

Gestalten Sie Ihre Arbeitsumgebung!

Die Anzahl der gutgemeinten Ratgeber in Schrift und Bild ist groß. Hier soll es darum gehen, einige bewährte unkomplizierte Werkzeuge zu kennen und dauerhaft oder im richtigen Moment zur Anwendung zu bringen.

---

[67] Soldatengesetz, §17 (4)

Haben Sie sich schon einmal dabei beobachtet, mit welchem Gefühl Sie zu Arbeitsbeginn Ihr Dienstzimmer oder Büro betreten?[68] Können Sie sich auf diesen Ort freuen? Immerhin verbringen Sie hier einen Großteil des Tages. Ihre Lebenszeit sollte Ihnen kostbar genug erscheinen, um für eine angenehme Atmosphäre zu sorgen.

In vielen Büros der Bundeswehr wächst die Größe der sog. „Hab-mich-lieb-Ecken" mit der Anzahl der Dienstjahre und Versetzungen: Wappen, Urkunden und Abschiedsgeschenke nehmen mehr und mehr Wandflächen ein. In der zivilen Welt geht es meist moderater zu. Welcher Eindruck ist Ihnen wichtig, welche Botschaft wollen Sie senden? Soll der Blick eines Gastes tatsächlich als erstes auf ein großes Foto Ihrer Liebsten gelenkt werden oder sind Ihnen Auszeichnungen wichtig?

Sofern es die Rahmenbedingungen zulassen, sollten Sie abgesetzt von ihrem Schreibtisch über eine Gelegenheit zur Gesprächsführung verfügen. Die Vorteile liegen klar auf der Hand: Sie begegnen Ihrem Gegenüber auf Augenhöhe, müssen nicht am Schreibtisch miteinander reden und kommen in den meisten Fällen so besser zum Ziel.

Die Ordnung auf Ihrem Schreibtisch wird nicht selten als Spiegel Ihrer inneren Sortierung verstanden: aufgeräumt und klar strukturiert vs. überladen, unsortiert

---

[68] Vielleicht verfügen Sie gar nicht über einen eigenen abgeschlossenen Arbeitsplatz oder haben ihren Schreibtisch in einem modernen Großraumbüro. Dann können Sie den Einstieg zu diesem Kapitel großzügig übergehen.

und ständig mit dem Löschen kleiner Feuer beschäftigt. Welches Bild möchten Sie auch hier vermitteln? Selbst wenn Ihnen diese Frage völlig überflüssig vorkommt, gibt es aber in diesem Zusammenhang noch einen wichtigen Hinweis, der Sie selbst betrifft: Mit welcher Grundhaltung gehen Sie täglich an Ihren Arbeitsplatz? Freuen Sie sich auf die vor Ihnen liegenden Aufgaben oder guckt Sie allmorgendlich das „Schlachtfeld" des Vortags an? Versuchen Sie für sich herauszufinden, wie ihnen auch organisatorisch ein perfekter Start in den Tag gelingt.

Mein Fazit: Oberflächlich betrachtet mag es völlig gleichgültig erscheinen, wie Ihr Arbeitsplatz aussieht. Tatsächlich senden Sie aber eine Botschaft an alle, mit denen Sie zu tun haben.

Nehmen Sie Ihre eigenen Bedürfnisse ernst und machen Sie sich das Leben nicht unnötig schwer.

Geben Sie Ihren Aufgaben eine Struktur!

Vermutlich haben Sie jeden Tag aufs Neue eine lange „To-do-Liste". Das sog. Tagesgeschäft, Projektarbeit, Telefonate, Besprechungen – vielleicht ist es in ihrem Fall viel mehr und auch anders. Darauf kommt es an dieser Stelle auch nur bedingt an. Tatsächlich geht es hier um die Möglichkeiten der Selbstorganisation. Dazu das folgende praxisbewährte Angebot: Der vorausschauende Blick in ihren Kalender weist Verpflichtungen aus, die für Sie bindend sind. Dazwischen befinden sich Zeitfenster, für deren sinnvolle Nutzung Sie verantwortlich sind. Überlegen Sie genau, wofür Sie die verwenden wollen. Überlassen Sie das nicht dem Zufall – ansonsten gilt: Schade um die Zeit.

Neben einer solchen Einteilung hat sich die Sammlung der anstehenden Aufgaben bewährt. Was ist zu tun, mit wem ist Rücksprache zu halten, wen will ich anrufen? Vielleicht gelingt es Ihnen sogar, einen Telefonblock einzuplanen. Auf diese Weise reduzieren sich die Störungen mitunter erheblich. Greifen Sie nicht bei jedem Klingeln wahllos zum Hörer. Sie sind „Herr des Verfahrens" und rufen ggf. zurück.

Der Zusammenstellung der anstehenden Telefonate entspricht die Sammlung ihrer Aufgaben. Was ist sofort zu erledigen, was hat Zeit, wofür brauche ich andere… Und spätestens am Ende des Tages können Sie viele Aufgaben mit einem Häkchen versehen. Glückwunsch!

Ihre Mitarbeiter werden darüber hinaus zu schätzen lernen, dass Sie nichts vergessen, Sie nicht erinnert werden müssen. Denn alle offenen Punkte werden in der von Ihnen festgelegten Form auf den Folgetag oder einen späteren Zeitpunkt übertragen.

Wenn Sie so oder ähnlich vorgehen, wird sich bei Ihnen auch eine gewisse Entspannung breitmachen: Sie müssen sich nicht ständig selbst ermahnen, um dieses oder jenes ja nicht zu vergessen. Oft hören Sie: „Ja, schicke ich Ihnen." oder „Ich melde mich." Nicht selten eine leere Versprechung und Sie werden enttäuscht… So ein Fremdbild wollen Sie auf keinen Fall erzeugen.

Aber noch einmal zurück zu Ihren persönlichen Freiräumen. Auch die wollen mit Bedacht befüllt werden.

Wenn Sie sich angewöhnt haben, in Ihrer leistungsstärksten Zeit Mails zu beantworten, ist ein dickes Fragezeichen angebracht. Ihr Hang, gleich morgens schnell auf alle eingegangenen Mails zu antworten und viele eigene „rauszuhauen", wird sie teuer zu stehen kommen. Mit großer Wahrscheinlichkeit verpulvern Sie im wahrsten Sinne des Wortes Ihr Potential für Aufgaben, die Sie eigentlich „mit links" erledigen können. Und dort, wo Sie richtig Leistung bringen sollten, greift dann u.U. schon wieder eine zunehmende Erschöpfung. – Diese Schilderungen treffen auf Sie gar nicht zu? Dann machen Sie so weiter wie bisher.

Die Anzahl der Ratgeber zu diesem wichtigen Thema nimmt täglich zu – der Nutzen unterliegt der persönlichen Bewertung. Ein a.h.S. sinnvoller Hinweis sei aber dennoch erlaubt: Vergleichen Sie Ihre Aufgaben mit unterschiedlich großen Steinen, die im Verlauf des Tages ein Glas füllen sollen. Neben größeren Stücken gehören auch kleine Kiesel und etwas Sand dazu. Wenn Sie sich also vom Großen zum Kleinen vorarbeiten, können Sie mit Sicherheit viel in Ihrem Glas unterbringen. Zwischenräume werden idealer Weise von kleineren Steinen gefüllt – alles bekommt seinen Raum.[69] Wenn Sie andersherum vorgehen, nämlich erst Kiesel und Sand einfüllen, wird der geforderte Inhalt mitunter nicht mehr in das Glas passen bzw. daneben landen.

An Ihrem persönlichen Tagesfazit arbeiten hauptverantwortlich Sie. Die Feststellung „wieder nicht geschafft" könn(t)en Sie sich ersparen und stattdessen

---

[69] Siehe auch: BECK, Rositta: Büro-Effizienz, Paderborn 2017, 2. Aufl., S. 116.

wohlgestimmt und vielleicht auch ein wenig stolz zurückblicken.

Meine Erfahrung: Die Anzahl ihrer Aufgaben wird Ihnen häufig vorgegeben. Vermutlich gilt das auch für den damit verbundenen Aufwand. Doch bei der Frage, wie Sie damit umgehen, sind Sie „Ihres eigenen Glückes Schmied". Und im Zweifelsfall „muss man auch mal nein-sagen können".

Setzen Sie Grenzen!

Nein-Sagen ist dann angebracht, wenn Sie das Gefühl beschleicht, ausgenutzt zu werden. Eine Politik der offenen Tür bedeutet auch, dass Sie für sich Arbeitsphasen einplanen, in denen Störungen nur im Ausnahmefall erfolgen sollen. Ihr Anspruch, dass Fragen und Rücksprachen grundsätzlich gebündelt und nach Vereinbarung besprochen werden, ist häufig nur über einen steinigen Lernprozess durchzusetzen. Aber es funktioniert.

Grenzen beziehen sich auch auf den Bereich der Problemlösung. Ich habe es immer wieder erlebt, dass Mitarbeiter bisweilen sogar aufgeregt mit einer Fragestellung zu mir kamen und erwartungsfroh auf meine Lösung warteten. An dieser Stelle konnte ich im Regelfall nur enttäuschen und rate Ihnen für derartige Fälle: Lassen Sie sich grundsätzlich kein Problem vortragen, für das Ihnen nicht gleich mindestens eine Lösungsmöglichkeit angeboten wird (vgl. Beurteilung der Lage, Möglichkeiten des Handelns). Wenn Sie nämlich nicht aufpassen, werden Sie zu einem Problem befragt, dessen Lösung hinterher bei Ihnen liegt. Vor dieser Art der Rückdelegation oder Auftragserteilung von „unten nach oben" kann ich nur warnen!

In den Bereich der „Grenzziehung" gehört für mich auch, sich nicht ausnutzen zu lassen – und zwar durch Vorgesetzte oder den Chef. Im Zweifelsfall muss es zu einem klärenden Gespräch kommen.

Betrachten Sie Medienvertreter als Kunden!

Bleiben Sie locker, wenn Ihnen plötzlich eine Medienanfrage „auf den Schreibtisch flattert". Gefühlt kommen derartige Anrufe oder Mails stets zur Unzeit – gerade dann, wenn es offensichtlich überhaupt nicht passt.

Ein Versuch, sich für nicht kompetent oder zuständig zu erklären, wird in den meisten Fällen keinen Erfolg haben. Schnell ist Ihnen klar, ob Sie zufällig oder gezielt angesprochen werden. Wenn Letzteres der Fall ist, lassen Sie sich das Heft nicht aus der Hand nehmen. Ab sofort geben Sie den Takt vor. Ihre Aufgeregtheit lassen Sie sich nicht anmerken. Betrachten Sie den Journalisten als Kunden. Freund-Feind-Denken ist hier fehl am Platz und raubt Ihnen u.U. die besten Gedanken. Um die Initiative zu behalten, nehmen Sie ggf. eine kurze „Auszeit" und sichern einen Rückruf/eine Antwort zu. Den dafür abgesprochenen Zeitpunkt halten Sie exakt ein. Ohne sich besonders zu verausgaben, liefern Sie implizit einen Beweis für Ihre Zuverlässigkeit oder Seriosität. Die gewonnene Zeit nutzen Sie, um sich ein eigenes „Lagebild" zu verschaffen und Ihre Vorgehensweise festzulegen: Wer ist ggf. noch zu informieren, weil er/sie von der Anfrage direkt oder indirekt betroffen bzw. fachlich zuständig ist? Je nach Größe verfügen Unternehmen über eine eigene Presseabteilung, öffentliche Institutionen wie die Bundeswehr haben dafür speziell ausgebildetes Personal. In jedem Fall ist es hilfreich, das Gespräch mit dem Journalisten nur in Begleitung zu führen. Dabei spielt es keine Rolle, ob Sie am Telefon miteinander sprechen oder Sie sich gegenübersitzen. Die Person Ihres Vertrauens bildet die „Rückversicherung". Unabhängig von der inhaltlichen Kompetenz, kann die Unterstützung vielfältiger Art sein: Vom persönlichen Wohlbefinden bis hin zu organisatorischen Maßnahmen.

Wie im richtigen Leben bleiben Sie mit Ihren Äußerungen immer bei der Wahrheit. Sie müssen nicht alles sagen. Aber was Sie sagen, muss wahr sein! Lügen haben kurze Beine – und das gilt erst recht in der Zusammenarbeit mit Medien. Ohne Vertrauen geht das Gespräch vermutlich gegen Sie aus.

Ihren Ausführungen können Sie ein Siegel verpassen, das den eigenen Spielraum vergrößert:

- „Unter 1" – über diese Information ist ohne Einschränkung zu berichten;
- „Unter 2" – die Information ist zu verwenden, allerdings ohne Angabe der Quelle;
- „Unter 3" – diese Information ist nur für den „Hinterkopf".[70]

---

[70] Mit „unter 3" habe ich gute Erfahrungen gemacht: Ich gebe etwas preis und biete dem Fragesteller die Chance, sein Wissen zu erweitern. Schließlich verschaffe ich ihm die Möglichkeit, mit den

Ein letzter Hinweis dieser kleinen Einführung zum Umgang mit Medien: Halten Sie sich mit Zahlen zurück, die sich später u.U. als falsch oder ungenau erweisen. Gleiches gilt für Zeitangaben, z.B. die Dauer von Prozessen. Wenn es entgegen Ihrer Planungen dabei zu Verzögerungen kommt, sind Sie in der Klemme.

Neben Ihrer fachlichen Vorbereitung legen Sie unbedingten Wert auf Ihre Kondition. Damit ist folgendes gemeint: Haben Sie ausreichend getrunken, blieb Ihnen Zeit, noch einmal „vor den Spiegel zu treten", sitzen/stehen Sie bequem…

Merken Sie sich, mit wem Sie es zu tun haben. Bei einem Rundfunkinterview erzielen Sie beispielsweise bereits den ersten Punktsieg, wenn Sie Ihren Gegenüber mit Namen begrüßen.

Ein letzter Hinweis betrifft Interviews oder Zitate, die abgedruckt werden. Im deutschsprachigen Raum ist es üblich, dass Sie Ihre Äußerungen nach der sog. Ausschriftung der Tonbandaufzeichnung autorisieren bzw. freigeben. Selbstverständlich können Sie nicht ganze Passagen ändern, doch empfiehlt sich auch an dieser Stelle angemessenes Beharrungsvermögen. Geben Sie nur das frei, womit Sie zitiert werden möchten. Sie schonen Ihre Nerven und ersparen sich zusätzliche Arbeit.

Meine Erfahrung: Die Vertreter der Medien müssen nicht zu Ihren Freunden zählen. Auf jeden Fall sind sie

---

erworbenen Kenntnissen an anderer Stelle gezielt zu recherchieren.

aber Kunden, die Anspruch auf eine in der Sache angemessene Wahrnehmung und faire Behandlung haben.

Zu guter Letzt:

Im Rückblick auf fast 40 Jahre Dienst in der Bundeswehr gehören die mit Führungsverantwortung für andere Menschen zu den besonders prägenden und zugleich beglückenden. Ganz gleich auf welcher Ebene und auf welchem Gebiet: Die Zielerreichung im Team, das Einstehen für einander und bisweilen auch die Auseinandersetzung gehörten zum „Tagesgeschäft". Nicht immer stellte sich (gleich) der gewünschte Erfolg ein – dann war nachzusteuern. Dabei bildeten die Grundlagen der Inneren Führung die Richtschnur eigenen Denkens und Handelns. Wo im Rahmen der eigenen Fehlbarkeit etwas schiefging, war das klar zu benennen.

Und schließlich halte ich fest:

1. Erkenne Dich selbst und sieh Dich nicht als immerwährenden Maßstab allen Handelns. Erfolgreiches Führungskönnen beruht auf einem lebenslangen Lernprozess. „Wer einmal sich selbst gefunden, kann nichts auf dieser Welt mehr verlieren. Und wer einmal den Menschen in sich begriffen, der begreift alle Menschen."[71]

2. Bei allen wirtschaftlichen Überlegungen spielen die anvertrauten Menschen die entscheidende Rolle. Wer sich bei seinen Entscheidungen allein auf Kennzahlen verlässt, geht entweder irgendwann

---

[71] Zweig, Stefan: Phantastische Nacht, Frankfurt 1963, S. 77

selbst unter oder richtet den eigenen Verantwortungsbereich zugrunde.

3. „Und bleibe bei dem, was dir dein Herz rät; denn
   du wirst keinen treueren Ratgeber finden. Denn mit
   seinem Herzen kann ein Mann oft mehr erkennen
   als sieben Wächter, die oben auf der Warte sitzen."[72]

[72] Deutsche Bibelgesellschaft: Die Bibel nach Martin Luther, Apokryphen, Sirach 37/17; vergleiche auch: DE SAINT-EXUPÉRY, Antoine: Der kleine Prinz, Köln 2015.

Führungserfolg unter (extremer) Belastung

… ist nur selten ein Zufallsprodukt. Neben dem Quäntchen Glück garantieren vielmehr fachliche Qualifikation und Führungskönnen einen Platz auf dem Siegertreppchen.

Wenn dagegen Unternehmen oder Einzelprojekte scheitern, liegt das fast immer an den verantwortlichen Führungskräften: Eine diffuse Problemanalyse, unstrukturierte Entscheidungsfindung und ungenaue Zielformulierung gehören zu den häufigsten Ursachen für ausbleibenden Erfolg in der Mannschaft oder aber an deren Spitze. Nur zu oft ist Verantwortungsträgern und Verantwortungsträgerinnen nicht bewusst, dass es ihre persönliche Führungsschwäche ist, die alle schwach macht. Das gilt erst recht in Zeiten der Digitalisierung und des extremen Wandels.

Wendroth Leadership wendet sich an alle weiblichen und männlichen Führungspersönlichkeiten, die Eigenverantwortung übernehmen und bereit sind, neue Skills zu erwerben bzw. vorhandene Kompetenzen zu beleben. Spitzenleistung für sich, das Team oder das Unternehmen – wir bieten die richtigen Trainingseinheiten auf dem Weg zum Erfolg.

Wendroth Leadership basiert auf Methoden und Werkzeugen, die für das Bestehen und Überleben in Extremsituationen geschaffen wurden: Unter höchster körperlicher, mentaler und seelischer Belastung als Führungskraft das Ziel nicht aus den Augen verlieren und gewinnen!

Dazu gehören Kommunikation in komplexen Situationen, Umgang mit „feindlichen Störern" sowie systematische Beurteilung der Lage samt Entscheidungsfindung unter erschwerten Bedingungen – wertvolle Fähigkeiten, die Führungskräften in zivilen Projekten äußerst hilfreich sind und ihre Bewährungsprobe längst bestanden haben.

Mit den richtigen Impulsen mehr erreichen

Wendroth Leadership versetzt Sie schon nach kurzer Zeit in die Lage, mit Belastungen umzugehen, systematischer zu denken und effektiver zu handeln. Erfolg wird messbar und weithin sichtbar. Dazu bieten wir Ihnen:

- Einzelbegleitung – steigert Effizienz, Zufriedenheit und Reputation der Führungskraft.
- Teambetreuung – mehr Performance dank verbesserter Führungskultur,
- Simulation – intensive Führungs-Lernerfahrungen für Teams und Unternehmen.

Carola Hartmann Miles-Verlag

<u>Standpunkte und Orientierungen</u>

Daniel Giese, *Militärische Führung im Internetzeitalter – Die Bedeutung von Strategischer Kommunikation und Social Media für Entscheidungsprozesse, Organisationsstrukturen und Führerausbildung in der Bundeswehr,* Berlin 2014.

Dirk Freudenberg, *Auftragstaktik und Innere Führung. Feststellungen und Anmerkungen zur Frage nach Bedeutung und Verhältnis des inneren Gefüges und der Auftragstaktik unter den Bedingungen des Einsatzes der Deutschen Bundeswehr,* Berlin 2014.

Uwe Hartmann (Hrsg.), *Lernen von Afghanistan. Innovative Mittel und Wege für Auslandseinsätze,* Berlin 2015.

Fouzieh Melanie Alamir, *Vernetzte Sicherheit – Quo Vadis?,* Berlin 2015.

Klaus Beckmann, *Treue.Bürgermut.Ungehorsam. Anstöße zur Führungskultur und zum beruflichen Selbstverständnis in der Bundeswehr,* Berlin 2015.

Uwe Hartmann, *Hybrider Krieg als neue Bedrohung von Freiheit und Frieden. Zur Relevanz der Inneren Führung in Politik, Gesellschaft und Streitkräften,* Berlin 2015.

Hartwig von Schubert, *Integrative Militärethik. Ethische Urteilsbildung in der militärischen Führung,* Berlin 2015.

Florian Beerenkämper, Marcel Bohnert, Anja Buresch, Sandra Matuszewski, *Der innerafghanische Friedens- und Aussöhnungsprozess,* Berlin 2017.

Martin Sebaldt, *Nicht abwehrbereit. Die Kardinalprobleme der deutschen Streitkräfte, der Offenbarungseid des Weißbuchs und die Wege aus der Gefahr,* Berlin 2017.

Christian J. Grothaus, *Der „hybride Krieg" vor dem Hintergrund der kollektiven Gedächtnisse Estlands, Lettlands und Litauens,* Berlin 2017.

Uwe Hartmann, *Der gute Soldat. Politische Kultur und soldatisches Selbstverständnis heute,* Berlin 2018.

Christian Bauer, Marcel Bohnert, Jan Pahl, *Vitalis Innere Führung! Zum Status Quo der Führungskultur in den deutschen Streitkräften,* Berlin 2019.

Helmut Jermer, *Innere Führung kompakt. Eine Zusammenschau als Lehr- und Lernhilfe,* Berlin 2019.

Martin Sebaldt, *Das Elend der Strategen. Warum die deutsche Militärpolitik versagt,* Berlin 2020.

Jahrbuch Innere Führung (seit 2009)

Uwe Hartmann, Claus von Rosen (Hrsg.), *Jahrbuch Innere Führung 2018. Innere Führung zwischen Aufbruch, Abbau und Abschaffung: Neues denken, Mitgestaltung fördern, Alternativen wagen,* Berlin 2018.

Uwe Hartmann, Claus von Rosen (Hrsg.), *Jahrbuch Innere Führung 2019. Bundeswehr im Aufbruch. Hindernisse von den verteidigungspolitischen Vorstellungen der AFD bis zu den sicherheitspolitischen Meinungen in der Zivilgesellschaft,* Berlin 2019.

Uwe Hartmann, Reinhold Janke, Claus von Rosen (Hrsg.), *Jahrbuch Innere Führung 2020. Zur Weiterentwicklung der Inneren Führung: Themen und Inhalte,* Berlin 2020.

Uwe Hartmann, Reinhold Janke, Claus von Rosen (Hrsg.), *Jahrbuch Innere Führung 2021/22. Ein neues Mindset Landes- und Bündnisverteidigung?*, Berlin 2022.

Sicherheitspolitik

Wolf Graf v. Baudissin, *Grundwert: Frieden in Politik – Strategie – Führung von Streitkräften, herausgegeben von Claus von Rosen,* Berlin 2014.

Oliver Schmidt, *Deutsche Außenpolitik und die Zukunft der nuklearen Teilhabe in der NATO,* Berlin 2017.

Dirk Freudenberg, *Theorie des Irregulären – Erscheinungen und Abgrenzungen von Partisanen, Guerillas und Terroristen im Modernen Kleinkrieg sowie Entwicklungstendenzen der Reaktion, (3 Bände),* Berlin 2017.

Markus Reisner, *Robotic Wars – Legitimatorische Grundlagen und Grenzen des Einsatzes von Military Unmanned Systems in modernen Konfliktszenarien,* Berlin 2018.

Helmut Fiedler, *Military Assistance – eine moderne Einsatzart zwischen Anspruch und Wirklichkeit,* Berlin 2019.

Pascal Riemer, *Von der russischen Kriegskunst. Eine Untersuchung der dialektischen Zusammenhänge von Staatsidee und Militärwesen am Beispiel der Sowjetunion und der Russischen Föderation,* Berlin 2021.

Georg Kunovjanek, *Cyber – Die Domäne der vernetzten Unsicherheit. Eine kritische interdisziplinäre Analyse des Krieges der Zukunft und seiner normativen Grundlagen,* Berlin 2021.

Joachim Weber (Hrsg.), *Konfliktraum Arktis. Die Großmächte und der Hohe Norden,* Berlin 2021.

Thomas Jäger, Ralph Thiele, *Der Politische Islamismus als hybrider Akteur globaler Reichweite. Die liberale demokratische Ordnung muss ihre Resilienz stärken,* Berlin 2021.

Uwe Hartmann, *Die Nato. Mächte und Menschen in der transatlantischen Allianz,* Berlin 2021.

Militär und Gesellschaft

Hans-Christian Beck, Christian Singer (Hrsg.), *Entscheiden – Führen – Verantworten. Soldatsein im 21. Jahrhundert,* Berlin 2011.

Marcel Bohnert, Lukas J. Reitstetter (Hrsg.), *Armee im Aufbruch. Zur Gedankenwelt junger Offiziere in den Kampftruppen der Bundeswehr,* Berlin 2014.

Phil C. Langer, Gerhard Kümmel (Hrsg.), *„Wir sind Bundeswehr." Wie viel Vielfalt benötigen/vertragen die Streitkräfte?,* Berlin 2015.

Eberhard Birk, Peter Andreas Popp (Hrsg.), *Luftwaffenoffizier 21. Das Selbstverständnis des Luftwaffenoffiziers zu Beginn des 21. Jahrhunderts, (aus der Reihe Schriften zur Geschichte der Deutschen Luftwaffe, Band 5),* Berlin 2016.

Alois Bach, Walter Sauer (Hrsg.), *Schützen.Retten.Kämpfen. Dienen für Deutschland,* Berlin 2016.

Marcel Bohnert, Björn Schreiber (Hrsg.), *Die unsichtbaren Veteranen. Kriegsheimkehrer in der deutschen Gesellschaft,* Berlin 2016.

Angelika Dörfler-Dierken (Hrsg.), *Hinschauen! Geschlecht, Rechtspopulismus, Rituale: Systemische Probleme oder individuelles Fehlverhalten?,* Berlin 2019.

Joachim Welz, *Universitäten der Bundeswehr,* Berlin 2021.

Nicolas Holz, *Zurück in die Zukunft. Empfehlungen zur Wiederentdeckung und Weiterentwicklung der Inneren Führung,* Berlin 2021.

Erinnerungen

Blue Braun, *Erinnerungen an die Marine 1956–1996,* Berlin 2012.

Klaus Grot, *So war's, damals. Dienstchronik eines Pionieroffiziers im Kalten Krieg 1954–1991,* Berlin 2014.

Gustav Lünenborg, *Bürger und Soldat. Innere Führung hautnah 1956–1993, 1993–2015,* Berlin 2015.

Adolf Brüggemann, *Als Offizier der Bundeswehr im Auswärtigen Dienst. Meine Erinnerungen als Militärattaché in Seoul (Republik Korea) 1978–83 und in Prag (Tschechoslowakei/Tschechien) 1988–1993,* Berlin 2015.

Rainer Buske, *Eine Reise ins Innere der Bundeswehr. Wundersame Geschichten aus einer anderen Welt,* Berlin 2016.

Heinz Laube, *Duell am Himmel,* Berlin 2016.

Viktor Toyka, *Dienst in Zeiten des Wandels. Erinnerungen aus 40 Jahren Dienst als Marineoffizier 1966-2006,* Berlin 2017.

Hans-Eckhard Tribess (Hrsg.), *Im Leben unterwegs – für den Frieden. Festschrift für Wolfgang Altenburg zum 90. Geburtstag am 22. Juni 2018,* Berlin 2019.

Kurt Graf v. Schweinitz, *Notizen im Transit von Krieg und Frieden,* Berlin 2020.

Karl-Otto Behrendt, *Der kurze Bericht über eine lange Zeit. Kriegsgefangenschaft 1945–1953, herausgegeben und kommentiert von Hans-Günter Behrendt,* Berlin 2021.

Hans Peter von Kirchbach, *Herz an der Angel,* Berlin 2021.

Militärgeschichte

Jobst Reller, *Die Anfänge der evangelischen Militärseelsorge,* Berlin ²2020.

Eberhard Frhr. v. Senden, Friedrich Frhr. v. Senden, *Der Erste Weltkrieg 1914–1918. Erlebnisse eines jungen Leutnants,* Berlin 2020.

Hans-Günter Behrendt, *Flugabwehr in Deutschland. Stationierungsorte und Systeme 1956-2012,* Berlin 2021.

Harald Fritz Potempa, *Balkan 1914-1945. Raum und Kleiner Krieg als militärhistorische Kategorien in der Wahrnehmung deutscher Streitkräfte,* Berlin 2021.

Stephan Horn, *Französische und wallonische Freiwilligenverbände im Zweiten Weltkrieg. Politische Implikationen militärischer Kollaboration,* Berlin 2021.

Jörg Beining, *Streng geheim! Elektronische Kampfführung im Kalten Krieg. Die EloKa der Bundeswehr und NATO aus östlicher Perspektive,* Berlin 2021.

Gerd Bolik, *NATO-Planungen für die Verteidigung der Bundesrepublik Deutschland im Kalten Krieg,* Berlin 2021.

Schriften zur Tradition

Eberhard Birk, Winfried Heinemann, Sven Lange (Hrsg.), *Tradition für die Bundeswehr. Neue Aspekte einer alten Debatte,* Berlin 2012.

Donald Abenheim, Uwe Hartmann (Hrsg.), *Tradition in der Bundeswehr. Zum Erbe des deutschen Soldaten und zur Umsetzung des neuen Traditionserlasses,* Berlin 2018.

Joachim Welz, *Vom Kontingentsheer zum Reichsheer: Militärkonventionen als Motor der Wehrverfassung,* Berlin 2018.

Donald Abenheim, Uwe Hartmann, *Einführung in die Tradition der Bundeswehr. Das soldatische Erbe in dem besten Deutschland, das es je gab,* Berlin 2019.

Eberhard Birk, Heiner Möllers (Hrsg.), *Die Luftwaffe und ihre Traditionen (aus der Reihe Schriften zur Geschichte der Deutschen Luftwaffe, Band 10),* Berlin 2019.

Hans-Günter Behrendt (Hrsg.): *Erinnerungsorte der Bundeswehr – Personen, Ereignisse und Institutionen der soldatischen Traditionspflege,* Berlin 2020.

Dirk Drews, Stefan Gruhl (Hrsg.): *Oberst Reinhard Hauschild 1921–2005. Traditionsstifter für die Bundeswehr? Gedenkschrift zum 100. Geburtstag,* Berlin 2021.

Dieter Krüger, *Verständigung mit Frankreich. Das vergebliche Plädoyer des Oberst Dr. Hans Speidel. Paris 1940–1942,* Berlin 2021.

Offiziersbibliothek

Uwe Hartmann, *Offiziersbibliothek I. Deutschland,* Berlin 2020.

Franz H.U. Borkenhagen, Uwe Hartmann, *Offiziersbibliothek II. Internationale Beziehungen und Sicherheitspolitik,* Berlin 2021.

www.miles-verlag.jimdo.com